U0365887

刘哲作品

法治无禁区

刘哲 著

清华大学出版社

北京

图书在版编目（CIP）数据

法治无禁区 / 刘哲著 . —北京：清华大学出版社，2020.4
（刘哲作品）
ISBN 978-7-302-55199-7

Ⅰ . ①法⋯　Ⅱ . ①刘⋯　Ⅲ . ①法治－中国－文集　Ⅳ . ① D920.4-53

中国版本图书馆 CIP 数据核字（2020）第 049672 号

责任编辑：刘　晶
封面设计：汉风唐韵
版式设计：方加青
责任校对：王荣静
责任印制：宋　林

出版发行：清华大学出版社
　　　　网　　　址：http://www.tup.com.cn，http://www.wqbook.com
　　　　地　　　址：北京清华大学学研大厦 A 座　　邮　　编：100084
　　　　社 总 机：010-62770175　　　　　　邮　　购：010-62786544
　　　　投稿与读者服务：010-62776969，c-service@tup.tsinghua.edu.cn
　　　　质 量 反 馈：010-62772015，zhiliang@tup.tsinghua.edu.cn
印 刷 者：三河市铭诚印务有限公司
装 订 者：三河市启晨纸制品加工有限公司
经　　销：全国新华书店
开　　本：145mm×210mm　　印　张：8.125　　字　数：152 千字
版　　次：2020 年 5 月第 1 版　　印　次：2020 年 5 月第 1 次印刷
定　　价：59.80 元

产品编号：087561-01

献给我的父亲，
他一直希望我能更勇敢一点！

作者简介

刘 哲

北京市人民检察院首批入额检察官

曾办理山西溃坝案

设计并组织研发刑事公诉出庭能力培养平台

著有《检察再出发》《你办的不是案子，而是别人的人生》

法治建设还需要进一步解放思想

樊崇义

中国政法大学国家法律援助研究院名誉院长、教授

我认为刘哲检察官的新书《法治无禁区》，其实是提出了一个很重要的议题。我是一个过来人，见证了国家法治发展的进程，有些还有幸参与其中。从不用审判就可以定罪到必须经过审判才能定罪，从"人犯"到"被告人"，从审判前就把被告人当作"坏人"到无罪推定，从给"坏人"辩护也要挨骂到律师地位的提高和辩护权的发展，从唯结果论到正当防卫被激活，从"两个基本"到以审判为中心，法治建设始终是一个进步发展的过程，也是一个不断突破禁区的过程，这里面既有观念的禁区，也有司法体制、机制的禁区。司法改革的目的其实就是在突破禁区，让法治的光辉可以照到每一片土地、每一个人。

但是我们也看到，有些司法决定还是会畏首畏尾，司法官

在作出不捕、不诉、无罪等决定的时候，还是有着一丝恐惧，因为担心犯忌讳，还不能完全按照司法规律来。就拿认罪认罚来说，明明法律规定没有禁区，但是我们的思想还是有禁区。有些敏感案件，不敢给已经认罪，甚至自首的人做认罪认罚，害怕死刑判不下来，用从宽的规定将认罪认罚捆绑住。刑事诉讼法明明规定，认罪认罚之后是可以从宽，不是必然从宽，也就是只要认了罪，认了罚，不管从不从宽都要按照认罪认罚程序办理。因为认罪认罚之后，案件的难度降低了，没有必要再人为搞得那么复杂。而且很多罪行深重的被告人也不一定主张自己非要从宽不可，只是发自内心地愿意接受处罚，即使是极刑的处断，可见他的认罪和认罚都是发自内心的，这个实践中已经有案例了。这些被告人只是为了向社会展示自己尚未泯灭的良知，让大家看到自己并不是天生的坏人，这是一份真诚的善意，为什么我们就不能接受呢？在给予其死刑的同时，还要再来一番道德谴责吗？让他自己忏悔不是更好？而且认罪认罚并不仅仅是我们的权力，也是被告人的权利，就像自首、立功、坦白一样，你可以不从宽，但你不能否认啊。他已经认罪认罚了，我们没有任何理由要否认和拒绝。被告人都可以接受死刑立即执行，没有对认罪认罚的结果进行功利性的考量，为什么我们要进行这么功利性的考量？

这说明我们的观念还是有一些禁区，我们还是在把被告人当作"坏人"，认为认罪认罚是给好人用的，不能给"坏人"

用。但是区分被告人的好与坏是一种法治思维吗？这不是公然违背法律面前人人平等的原则吗？然后我们就拿从宽说事，但是认罪认罚与从宽之间不是一种必然的联系，法律规定得很清楚。认罪认罚的本质其实是给犯了罪的人一个展示善意的机会，可以从宽就从宽，从宽不了就不从宽，这一点被告人也知道。明明知道不能从宽还认罪认罚的被告人，他所表达的善意是多么强烈！这对被害人家属也是一种内心的抚慰，对其他被告人也是一种示范作用，更是向社会公众展示了司法的公信力和公正性。这么重的罪都认罪认罚，说明我们没有冤枉好人，要判死刑他都认了，这更说明我们是公正的，没有让他受到一丝一毫的委屈。这个示范效应，是非常难得的。

但我们的思想禁区阻碍了我们展示这些善意和公正。这里边有功利主义的观念，有司法的优越感，有对公众期待的误解，而本质上还是对法治精神的理解不够透彻。认为认罪认罚有禁区本质是法治有禁区的体现。我们在考虑一些案件处理方式的时候用的不是法治思维，我们将法治选择性地适用。我们将人分为三六九等了，我们没有将法治的精神平等适用于每一个人。虽然在一些基本的司法程序中法治精神越来越普及了，比如审判程序、证据原则、辩护规则等，但是对更进一步的认罪认罚我们就有保留了。不捕不诉虽然比原来多了，但是在适用上我们还是有很多顾虑的，这就导致轻罪羁押率、起诉率依然很高。"放人容易出问题"的意识还是根深蒂固的，这使得我们在利用电子手铐等方式完善非羁押措施方面、在敢用善用不起诉权方面还是动力不足。虽然正当防卫已经被激活，但是实践中的案例还是非常少，很多提出不捕不诉意见的检察官经常受到猜疑，他们对这些案件也会反复进行复查，从机制上束缚住捕诉裁量权的手脚，导致够罪即捕，凡捕必诉的现象仍然很普遍。无罪面临的困境就更为强大，虽然以审判为中心的诉讼制度改革推进了这么长时间，很多法官还是逃脱不掉无罪恐惧论，庭审实质化也没有得到真正的落实。虽然搞了司法责任制，但还是对基层检察官、法官放权不放心，以为放权就容易滥权，殊不知这反而增加了腐败的成本。紧箍咒一念，已经下放的权力又自动交回来，司法责任制谁办案谁决定的目标眼看又要落空。这还是一种法治禁区的观念，在碰到真正要紧的问题上，法治原则和司法规律失效了，还是传统的行政管理和思维惯性。这也就是司法改革的深水区吧，突破了这些禁区，我们才能走出深水区。

对罪行最严重的人，我们也要对其进行审判才能执行刑罚，就像审判战犯和"四人帮"更让我们相信了法治的存在一样。这样，这个社会才会有规则的概念，才会按照法律办事，才是一个文明的现代社会，是法治而不是人治。只有让罪大恶极的人也可以享有辩护权，我们才会相信每个人出事的时候都可以受到公正的对待，法律的程序是公正的，而且这个公正可以被看得见。我们才会相信我们真的有权利，我们才敢于主张自己的权利、捍卫自己的权利，并进而保卫别人的权利。当我们听说，正当防卫可以不起诉，碰到坏人打死都无罪，我们才敢于出手、敢于反抗，坏人才会收敛自己的爪牙。我们才会相信这个社会有正气，该出头就出头，才会培养反抗恶行的勇气，颂扬英勇果敢的美德，正义感才会真正形成。承接那些已经认罪认罚之人所释放的善意，不是仅仅为了程序简约、诉讼成本降低，而提供刑期折扣，则是在展现一份司法的善意，从而激发被告人尚未泯灭的良知，促其向善，帮助其早日回归社会。而通过被告人这个节点，这份善意可以在其亲友之间、公众之间传播开来，也就是在社会网络中传播，从而收获社会的和谐。因为刑罚的目的不是隔绝和肉体消灭，绝大多数犯罪人最终还是要复归社会。向被告人展示的善意，不是给被告人一个人看的，而是展示给全体社会成员看的，以体现我们这个社会对任何人都不抛弃不放弃的精神，因此我们才是一个温暖的社会集体。就像这本书中所言："认罪认罚是否有禁区是法治精神的试金石。法治没有禁区，认罪认罚也就没有禁区。"

而法治是不应该设定禁区的，这是法律面前人人平等原则深刻的含义。"刑不上大夫，礼不下庶人"不是法治。不能给予每一名被告人公正的审判和辩护权，也不是法治。不问青红皂白，唯结果论，让法向不法低头，更不是法治。让那些无罪的人不能早日摆脱讼累，或者"疑罪从轻"也不是法治。对已经认罪认罚的被告人拒绝适用认罪认罚程序，既不是真正的认罪认罚，也不是真正的法治。

　　法治绝不是对一部分人讲，而对另一部分人不讲；不是想讲就讲，不想讲就不讲；不是有时候讲有时候就不讲；有些事讲有些事就不讲。这些都不是真正的法治。法治的本质就是无差别性、平等性和彻底性。但是我们的很多法律人在思想深处还是有很多禁区，这直接就体现在司法工作当中，从而妨害了"有法可依、有法必依、执法必严、违法必究"的法治原则的真正落实。因此，推进司法改革和法治建设过程其实就是一个不断破除禁区，不断解放思想的过程。

　　刘哲检察官抓住了"法治无禁区"这个主题，基于司法实践进行了一系列思考，对司法的理念、模式、机制提出了很多建设性的意见，都很有启发性。但我认为，对于这个宏大的题目，这只是一个开始，这个题目其实是时代出给我们所有法律人的一道思考题，需要我们认真研究。正因此，我郑重把这本书和这个题目推荐给大家，让我们一起作答。

　　是为序。

谨识于北京海淀明光北里寓所

2020 年 3 月 10 日

法治的愿景

卞建林

中国政法大学教授，博士生导师

本书作者刘哲，不仅是北京市人民检察院的优秀检察官，还是一位名副其实的"网红"。他所撰写的法律随笔时常在微信朋友圈"刷屏"，文章阅读量动辄数万，极具传播力和影响力。近日，他又将部分随笔重新整理和编排，形成了新著《法治无禁区》，并邀请我为之作序，我欣然应允。

熟悉刘哲检察官的读者或许知道，《法治无禁区》已经是他的第三本随笔集，在此之前，《检察再出发》《你办的不是案子，而是别人的人生》均广受赞誉，尤其是"你办的不是案子，而是别人的人生"，已然成为具有个人代表性的"金句"。而在《法治无禁区》中，刘哲检察官进一步将其延伸，提出"我们办的不仅是别人的人生，也是公众的价值观，是人民对法治的期待"。由此可见，本书的笔触，已不再局限于作者对检察制度或司法实践的微观感受，还涉及法治以及社会价值的宏观思考。《法治无禁区》共分为三大部分，依次为"法治格局观""认罪认罚无禁区"以及"司法与算法"，通读全书后，我主要有三点直观感受与诸位读者一同分享。

第一，宏大抱负的体现。在"法治格局观"这一部分，相关论题均较为宏观，但也正是宏观的视角呈现出作者不寻常的思想。例如《办案是我们改变世界的支点》一文，即是作者宏大抱负的体现。或许正如作者所言，"有些人把办案当作一种负担"，但作者却认为办案是"我们改变世界的支点。我们只有通过案件才能对这个世界施加影响"。并且，"我们的司法行为可以触及灵魂，也可以挽救灵魂，可以抚慰伤痛，也可以影响别人的人生，在这个意义上，需要我们审慎而为，如履薄冰。另一方面，我们的司法行为及其延伸又可以帮助建构、完善社会治理体系，让世界变得更好，这需要我们以除恶务尽、愚公移山的勇气和毅力而大胆作为。不忘初心，方得始终"。从这里，我们可以洞见一位耕耘在实务一线的检察官的法治愿景，也正是这份内心的坚守，让作者在司法实践中秉持正义观念和职业操守，并在繁忙的工作之余，将其以文字的形式记录下来，影响更多包括同行在内的读者。

第二，对前沿焦点的关注。刘哲检察官从事刑事检察业务，而在刑事司法领域，近年来最热门的的改革动向无疑是认罪认罚从宽制度改革和以审判为中心的诉讼制度改革。而《法治无禁区》中有超过三分之一的内容涉及上述两项改革，从作者办案经验和感受出发，结合具体案例，体现出制度改革在司法实践中的点点滴滴。同时，对于人工智能、大数据等新兴技术在刑事司法中的引入，作者也从一线实务人员的视角进行了反思。可以说，这不仅是刑事司法改革成效的直观呈现，也是理论研究者不可多得的素材。从这一点上看，本书虽为随笔集，但其对前沿焦点的关注，使其价值又不仅仅局限于"随笔"。

第三，轻盈随性的文风。前面提到，本书作者刘哲检察官，是一位经常出产朋友圈"爆款"文章的"网红"，这与其一直以来的写作方式和风格有关。网络写作与传统媒介不同，更强调短、平、快的风格，以便读者无论身处何地、无论怀着何种心情，都能在短时间内"消化"作者的思想。就此而言，虽然本书即将以传统方式出版，但其内容和文风却并不是传统的。本书中的各篇文章有长有短，既有较为严谨的分析，也有较为发散的随想，可以满足多种读者的需求和喜好。

当然，从理论研究者的角度来说，本书有些论述还让我意犹未尽。2019年，我主持完成的中央政法委委托课题成果——《司法规律研究》出版，其中对司法规律相关问题进行了初步探讨，但其实，何为司法规律尚未定论，我们也热切期望看到司法实务人员的相关见解。《法治无禁区》中有一篇文章名为《对抗诉的恐惧其实是对司法规律的恐惧》，在我拿到书稿时，即对本文产生了极大兴趣，但遗憾的是，作者并没有深入阐述何为"司法规律"。或许这对于随笔而言，要求过高了些，但对于刘哲这样擅于思考和写作的检察官来说，还是希望能看到他更深入的思考，以促进实务和理论的对话。

正如张军检察长在多个场合强调的那样，应当坚持基础理论研究与实务应用研究有机结合，不断提升检察理论研究层次和水平。

我也期待，刘哲检察官在坚持记录生活、工作点滴的同时，发挥自身优势，尝试更深入的检察理论研究。

是为序。

2020 年 2 月 20 日

司法改革的反思

江　溯

北京大学法学院副教授，博士生导师

　　本书是我的一位尚未谋面但神交已久的朋友——刘哲检察官的新作。2018年，刘哲兄因为一篇题为《你办的其实不是案子，而是别人的人生》的文章而刷爆朋友圈，成为炙手可热的网红法律人。对于这篇文章，一句获赞最多的评论指出："希望每个有志于投身法律事业的人在迈出重要的一步以前，都能先读一读这篇文章。"诚如斯言！该文以及之后出版的《你办的不是案子，而是别人的人生》（清华大学出版社2019年版），不仅展现了一位检察官对于热点前沿法律问题的多维思考，而且饱含着一位专业法律人悲天悯人的情怀。那些鲜活的文字，给我留下难以忘怀的记忆。本书延续了作者《你办的不是案子，而是别人的人生》和另一本书《检察再出发》（清华大学出版社 2018 年版）的文体和文风：文体依然是随笔或者随想，文风依然是自然清新、不受羁束的随性风格。读罢全书，我认为：

这是一本有高度的书。本书的高度集中体现在第一编"法治格局观"的开篇之作《司法改革的全局视野》一文中。作者以一个长期参与司法改革的省级检察院检察官的角度，从方向和路径、形式与实质、局部与整体三组维度对司法改革进行了由点到面、由表及里的总结和概括。该文的最后一段话将本书的高度表现得淋漓尽致：我们就是需要这样一种司法改革的宏大视野，看清司法改革的全貌，获得一种全局的司法观，从而实现自身司法格局的拓展。

这是一本有深度的书。虽然本书是随笔或者随想的结集，但丝毫没有影响刘哲兄深刻思想的表达。倒不如说，正是因为所采用之文体的缘故，作者更能挥洒自如地表达自己的思想。例如，本书第二编"认罪认罚无禁区"以及其他部分对我国当下刑事程序中最为重要的一项制度——认罪认罚从宽制度的几乎所有重要方面都进行了深入的研究，澄清了司法界和学术界的诸多误解，可发挥正本清源之功效。更令人印象深刻的是，作者并没有局限于对这一制度的法律解读，而是将之扩展到对认罪认罚从宽制度的社会网络效应的分析，从而大大提升了读者对这一制度之价值的理解。

这是一本有广度的书。本书所谈论的话题不仅触及司法改革的各种微观问题，诸如司法责任制、员额制改革、捕诉一体、庭审实质化、认罪认罚，而且涉及大量外部宏观问题，例如司法环境、司法规律、司法管理、司法效应乃至司法人工智能，真可谓麻雀虽小五脏俱全。令人称奇的是，作者竟能巧妙地将这些微观问题与宏观问题的论述融合在一起，使读者在阅读的过程中毫无违和感。不能不说，这是一种非常高超的叙事和编排技巧。

这是一本有态度的书。作为一名体制内的法律人，本书所秉持的冷峻公正的态度是令人钦佩的。无论是对司法责任制、员额制改革、认罪认罚、督办案件等存在之问题的客观分析，还是对捕诉一体的肯定态度，皆有理有据有节。更为难得的是，作者并未止步于对问题的剖析，而是针对每个问题提出了建设性的改革意见。如果这些宝贵意见能够得到采纳，一定会对司法改革产生积极影响。

这是一本有温度的书。一如刘哲兄以往的著作，本书虽然探讨的是严肃的司法改革和法治建设问题，但全书并未正襟危坐地宣示刑事司法乃打击犯罪之机器，而是无时无刻不强调司法是传递温情，保护正直、善良、勇气和创造，重塑他人并重塑社会的过程。正如作者所言：我们办的不是案子，而是别人的人生，是公众的价值观，是国民对法治的期待。刑事司法绝不是冷冰冰的脚镣手铐，而是充满脉脉温情的人文关怀。

这是我平生第一次给他人的书作序，盛情难却，寥寥数语，相信读者会和我一样喜欢这本书，因此郑重推荐大家阅读。

目 录

认罪认罚无禁区 / *087*

法治格局观

司法改革的全局视野

　　近二十年来，跌宕起伏的司法改革可谓中国法治进程的主旋律：从司法责任制改革、以审判为中心的诉讼制度改革、内设机构优化设置，到近年来通过立法授权试点并最终成为立法成果的公益诉讼和认罪认罚从宽制度，无不是从人民的需求出发，不断调整司法的供给侧结构，汲取人类法治文明成果，整合本土司法资源，解决实践迫切需要解决的问题，在实践的基础上再调整、再创造、再出发的过程。最高人民检察院原副检察长朱孝清正是这段宏大历史进程的亲历者和推动者，其最近出版的《论司法体制改革》一书更是司法改革的基本构思和基本规律的总结。近十年来，笔者也有幸在省级司法机关的层面参与了部分改革的探索、推进和落实工作，有着切身的感受，集中体现在三个方面。

一、方向和路径

　　改革的方向当然是为了满足人民日益增长的法治需求，这是司法人民性的体现。但是改革的方向不仅仅是眼下的、当前的，甚至都不是十年八年之后的，而是着眼长远的。比如司法责任制改革，从 1999 年实行主诉制起算，已经二十多年了，二十多年的改革探索当然不仅仅是为了解决眼前问题，而是为了解决如何避免冤假错案，回归司法规律，实现公平正义这个终极性的问题。能够解决这个问题，这二十年就是值得的，这个方向就是正确的。当然路径是曲折的，没有毕其功于一役的改革，只有在发展中解决发展的问题。但是方向问题仍然是第一位的，方向错了，路径将失去意义。不能以战术上的勤奋掩盖战略上的懒惰，正因此，改革之前的动议、酝酿就显得至关重要。这并不是说有分歧就不能够改革，但是对改革的方向、路径进行充分的分析之后，可以少走一些弯路。也不能说改革就注定是正确的，只要是改革就一定会成功，这也不是实事求是的。只有在改革的路径中及时发现问题，及时调整航向才能避开改革进程中的暗礁，因此在改革的过程中有必要适时评估改革的成效。比如从速裁到认罪认罚立法试点改革就走得很扎实：有中期评估，初步成功后再扩大范围，在评估检验中把握方向，就有利于把握改革的节奏。

有些改革顶层设计的初衷是好的，比如司法责任制改革，法官、检察官员额制，总体的方向是好的，但是对地市级以上司法机关的资深司法官助理就有着巨大的冲击。很多人面临着只能去基层院入额的情况，有些人已经工作很多年了，有现实的困难。而如果都去基层入额，遴选上来的又只是司法官，那上级司法官助理又如何产生呢？这将成为一个死循环。看起来这是一个过渡性的问题，其实是一个长期性的问题；看起来是司法官员额制自身的问题，其实是司法官与司法官助理的双向循环问题。这个改革的方向是对的，但是路径选择上还可以进一步调整优化，比如现有的助理无论是否具备助理检察员和助理审判员的身份，都应该允许在本院入额，这才是真正的老人老办法。而新办法应当从新入职的大学生开始，对于新入职的人一开始就明确只能从基层院入额，但在基层院入额后不用等到符合上级院司法官的条件时就允许其被遴选到上级院担任助理，成为上级院司法官的后备和助手，待符合上级院入额条件时可以直接在上级院入额。当然，其他符合条件的下级院员额也可以直接报考上级院员额，这样既能够解决上级院助理来源的问题，又能够解决员额逐级遴选的问题。只是这样的节奏更慢一些，需要消化现有的助理，但是这是改革必然要付出的代价，也只有这样才能打通上级院助理—司法官的循环问题，否则将陷入无解状态。

司法官精英化从来不是一个单一的问题，它必须要与司法官助理的梯队化问题一起解决。

二、形式与实质

改革从来不是为了改革而改革，而是为了解决实实在在的问题。只是摆样子的改革，其生命力不会持久。所以改革的真谛就是要解决真问题，追求实质性的价值。即使看起来没有那么完美的改革，只要能实实在在解决实践中的问题，就是好的改革。这就是改革的基本规律，也就是小平同志说的"黑猫白猫论"。就比如捕诉一体，虽然有一些不同的声音，但在实践中却发挥了整合两项审查、突出实质审查、审查引导侦查的作用，形成了实践中检警更紧密的结合，同时发挥了检察官更加深度的制约作用。根据 2019 年 10 月 30 日最高人民检察院对外公布的当年前三季度全国检察机关的主要办案数据，在不批准和不予决定逮捕案件中，因为证据不足不捕的同比上升 13.1%；在不起诉案件中，因证据不足不起诉的同比上升 17.3%。实践证明，并未出现部分学者担心的制约力度下降等问题，反而是制约力度大幅度上升，通过捕诉一体更有利于将以审判为中心的证据标准向侦查前段传导，有利于案件质量的提升。

而有些改革的形式意义高于实质意义，比如前一段被诟病的"什么是案件"的问题就是一例。为了体现出司法办案责任制，凡是入额的司法官都要来办案，领导干部也不能例外，非主要业务部门为了获得与核心业务部门一样的待遇，也要将自己的工作尽量算到案件中来，这样才能体现自己的司法业务量，才能多配员额。在这里，员额成为待遇和资源的象征，这样就慢慢背离了员额制的本质。而这个争夺的核心就是关于"案件"的定义，一度导致什么都是案子，案子的定义多达几十上百种，把收案当办案，把转交案件当作办案，把案件每一个环节当作一种案件类型，把司法事务工作理解为案件，其本质就是在争夺司法责任制的待遇，却回避了司法责任制的责任，导致员额制"大锅饭"的问题。需要多配员额的地方配置不到位，不需要配置员额的地方却争取了不少，局部的"案多人少"现象反而愈演愈烈。一个基层的刑事检察官就问过我，为什么每一次改革，我们的人就会少一些？事实上，内设机构改革已经得到了一定优化的同时，也仍然存在一些理解上的问题：将四大检察的四个方向理解为四个一边大，尽量在内设机构上凑齐，但是每一个内设机构都是一个壳，都要设置必要的内勤、事务、管理的人员，麻雀虽小五脏俱全，设置多了必然冲击了核心业务的资源。事实上，笔者根据张军检察长 2019 年在全国人大的报告测算，刑事检察的工作量占到全部检察工作量的 96%，考虑到公益诉讼的成长性，刑事检察工作量也不会低于整体的 90%。而近年来的新增任务，比如扫黑除恶、认罪认罚、以审判为中心等工作要求又主要是提给刑检部门的，但是刑检部门目前的资源配置却很少超过 50%。人员越少的院，这种壳成本就越加高昂，部门已经成为阻碍资源整合的樊篱，有必要进一步精简，在一些小院甚至可以考虑取消部门，全部案件在全部司法人员之间实现大轮案，实现基层司法官的全科医生化，这也是基层卫生机构主要配置全科医生的原因，人少就啥都得干，这是一个朴素的道理。

三、局部与整体

很多事关全局的司法改革，其热度分布并不均匀。比如以审判为中心的诉讼制度改革，法院的积极性最高，但这种积极性会沿着诉讼链条而逐渐递减。一方面，这个中心没有硬起来，庭审实质化还没有完全落实，还有着普遍的无罪恐惧论，法院也不敢轻易判无罪。另一方面，案件质量的传递通道还没有完全打通，不批捕、不起诉还不能完全顺其自然，有些压力让检察机关背住了，侦查机关感受不到。当然这里面也有一个司法成本问题。以审判为中心的诉讼制度改革是一个体系，但是它在整个司法改革过程中又是一个局部，这个局部所能够分配到的司法资源具有有限性。比如说所有案件都按照庭审实质化的标准来，那这个司法成本是我们承受不起的——这个成本主要指的是司法官的精力和时间，而且也没有必要。有些案件事实很清楚，被告人也认罪，但是还要走流程，导致繁者不繁、简者不简。

这就成为推进速裁和认罪认罚改革的初衷，成熟的法治实践告诉我们，慢是建立在快的基础之上的，以审判为中心是建立在认罪认罚基础之上的，这是法治的辩证法。为此，立法机关两次授权改革，试点四年之后最终纳入立法，可见是极为审慎的。但是认罪认罚从宽改革也有自身的特点，虽然它的目标是给整个刑事诉讼程序减负，但是在检察环节这个局部上，反而有时是增加负担的。比如对于不认罪的要进行教育转化，一次不行两次，教育转化之后还要量刑协商，与律师进行充分沟通，有些还需要征求被害人的意见，同时还要尽量提出准确的量刑建议，这些下来必然比原来的模式费了很多力气，导致有些基层检察官有抵触情绪，出现一个上边热、下边冷的问题。上级看到了认罪认罚的社会意义，但是具体工作还是要由下级来做。为此，检察机关内部就需要不断优化工作模式，简化工作文书、法律文书和工作流程，从而降低检察官的负担，才能提高检察官的内在积极性。但是认罪认罚这项工作总归是检察官承担的多一些，根据两高三部关于认罪认罚的指导意见，检察官一般都要提出确定刑量刑建议，而刑事诉讼法规定法官一般都应当采纳，这两个一般就决定了检察官实际上承担了一个"准法官"的角色，本来是通过检察官的量刑精确化来减轻法官的负担的。但是个别法官并不领情，认为这侵犯了其本人的刑罚裁量权，故意不采纳一些量刑建议。这在改革过程中也是一种正常现象，需要检法多加沟通、磨合，也需要法官进一步转变理念。但从根上来说，这实际上是一个整体与局部关系的问题，如果从局部的角度看问题，只能看到自己的利益、自己的付出、自己的格局，只有将自己置身于整个司法体系当中，整个司法改革进程当中，才会理解一项司法改革的真正价值。

我们就是需要这样一种司法改革的宏大视野，看清司法改革的全貌，获得一种全局的司法观，从而实现自身司法格局的拓展。

从需求侧看检察格局重塑

四大检察无疑是对检察格局的重塑，这无疑也是一种供给侧改革。这个改革有两个视角，一个是自上而下的要求；另一个是自下而上的需求。供给侧的改革若想成功，不能脱离需求侧的需求。

一、谁的需求？什么需求？

需求方不是虚无缥缈的，也不是笼统的所有人，而是具体的个体、特定的群体，都与检察机关有着特定而实际的联系。比如犯罪嫌疑人、被害人及其家属，也就是案件的当事方，他们与案件都是利益攸关的；另外就是参与到诉讼当中的辩护人、诉讼代理人、证人、鉴定人这些人，他们是有切身感受的，即使非法吸收公众存款案件的投资人没有被定义为被害人，他们的赔偿诉求也是实实在在的，与案件的关联是无法改变的；

还有深度关注具体案件诉讼进程的部分公众，他们因为高度关注也有很强的代入感；再有就是需要维护自身权利但无力维护，根据法律可以通过检察机关来帮助维护的人。这些人大致就构成了检察产品的需求方，我们的检察产品就是直接供给他们的，我们的供给侧改革是否有成效，就是看他们的需求是否得到了有效的满足。

这个需求也不是空泛的，而是具体的、切实的：有罪的犯罪嫌疑人希望得到尽快处理，希望自己的认罪态度能够换来轻缓的刑罚；无罪的犯罪嫌疑人希望能够被公正对待，也希望尽快摆脱讼累；被害人希望尽快讨一个说法，更希望的是自己能够赶快得到尽量充分的赔偿，在很多经济犯罪案件中，这个诉求甚至超越了对刑罚的追求；律师们比较强调自己和当事人的权利，希望检察机关能够公正执法，能够更多地倾听并采纳他们的意见，希望程序更加公开透明，能够让他们的法律技能有用武之地；其他的诉讼参与人也希望能够在程序中发挥自己的作用，而自己的安全又能够得到充分的保障；密切关注的公众希望自己朴素的价值观能够得到实现，希望案件信息能够更加完整地披露，希望看到一个公正高效而又人性执法的检察机关——这也是他们会为反杀案、正当防卫案欢呼的原因，他们将自己的情感投射到当事人的身上，从而更加感同身受，他们也希望看到公诉人在法庭上慷慨陈词，而不是照本宣科，希望正义不但被看见，还要被看清楚。他们渴望良法，但更加渴求善治，他们希望从检察产品中建立自己对法治的信心，而不是信心被摧毁。对于那些求告无门的当事人，他们也是检察产品潜在的需求方，他们希望检察机关成为公共利益的代言人，能够为民请命。这些新时代的司法需求，要求我们的检察产品能够升级换代，进一步就需要我们的产品线能够有针对性地迭代更新。如果我们的升级换代与司法需求不在一个频道，我们的检察产品可能就没有市场，就会被用户给差评，留下不好用、没有用的印象，就有可能被用户所淘汰，也就是被时代所淘汰。对此，我们要有忧患意识。

改革从来不是为了改革而改革，一定是为了满足司法需求而改革，司法需求能否被满足，是检验改革成败的标准，是校正改革方向的指针。

二、基于需求的检察格局重塑

这里描述的需求好像主要是刑事检察的需求，这些需求方也主要与刑事检察相关，并非有意遮盖其他检察业务的风采。实际情况就是如此，根据 2019 年最高人民检察院向全国人大作的工作报告显示，2018 年全年共批准逮捕 105 万人，起诉 169 万人，另外还有不批捕 27 万人，不起诉 14 万人，以上共计 315 万人。另有对刑事、民事和行政诉讼活动中的违法情形监督 44 万件次，几大检察放在一起说了：其中提出民事抗诉

3 933 件、民事类检察建议 23 814 份；行政抗诉 117 件、检察建议 6 528 份。从监督的工作量来看，民事 2.7 万件、行政 0.7 万件，剩下的 40.6 万件是刑事监督。公益诉讼全年立案办理 11 万件，但起诉的只有 0.3 万件。四大检察工作量的比重初步就是 355（刑事）：2.7（民事）：0.7（行政）：11（或 0.3）（公益诉讼），刑事检察占到全部工作量的 96%。当然这是十分粗略的估计，但足以说明刑事检察在检察机关中绝对的主导地位。

当然，这只是现实，并不能完全代表未来。就像美国汽车大亨福特说的，如果我最初问消费者他们想要什么，他们会告诉我要一匹更快的马。

确实，我们必须以发展的眼光看待需求，今天的检察产品结构并不完全代表明天的结构。我们要体察用户的真实需求。福特时代消费者的真实需求其实是更加快捷、安全、舒适的交通工具，只是想象力限制了他们的表达，而真实的司法需求其实是更加公平、高效、贴近民生的检察产品。具体以什么样的形式呈现，需求方是很难说清楚的。因此，根据近年来的一些发展趋势，公益诉讼保障民生应该会成为一个检察增长点。目前有一个比较好的上升势头，但增长不会是无限的，比如行政公益诉讼，一个地区就那么多行政单位，都起诉一遍数量也十分有限，而且也不能每年都起诉一遍。而民事公益诉讼目前有范围限制和审级限制，门槛高、范围小，长期大幅度增长也很难。行政审判监督这块基础案件比较少，全国行政判决每年

30万～40万件，也不能都监督一遍，就算监督10%，规模也就在三四万的量级。民事审判监督的规模大，但每年的增长幅度有限，目前没有看到有大规模突破性增长的态势。总体上，民事、行政、公益诉讼三大检察虽然都可能有所增长，但放在一起也很难超过10%权重的规模，因此刑事检察的压倒性地位仍然很难撼动。而更为重要的是，近些年来对刑事检察的深度需求还存在大幅度的增长，包括认罪认罚、量刑建议、适应以审判为中心的诉讼制度改革、捕诉一体、扫黑除恶、案件比以及审判监督、立案监督、侦查活动监督，甚至刑事附带公益诉讼，都需要刑事检察再深入挖潜、转型升级。

比如认罪认罚，看起来应该是简单了，但实际上是通过检察机关多做工作的方式，实现了整个刑事诉讼流程的简化。检察官的工作量实际上是增加了，对于已经认罪的犯罪嫌疑人，至少要协商量刑，为此还要和律师协调，同时还要听取被害人的意见。对于不认罪的犯罪嫌疑人还要做大量的教育转化工作，在这些案件中，一次提讯是解决不了问题的，多次提讯、多次沟通协调当然要增加工作量。认罪认罚还要检察官提出量刑建议，而且一般还要提确定刑量刑建议，就相当于干了准法官的活。这些工作不仅是量增加了，而且对检察官的能力素质也提出了更高的要求。这也就解释了为什么很多检察官不愿意做认罪认罚案件，因为要添很多麻烦。但是认罪认罚对整个刑事诉讼制度和检察机关都具有重要的战略意义，因此还一定要做。

以审判为中心、庭审实质化对检察官的出庭能力和审查能力提出了极高的要求，但是即席发言、交叉询问等这些能力可并非一日之功。而这些也主要针对的是刑事检察，因为每年要提起公诉160万人，而民事、行政、公益诉讼的庭放在一起也不到0.7万场，两者的对比一目了然，不在一个量级层面。并且刑事诉讼还要适用更高的证明标准，目前无罪案件整体呈上升趋势，刑事检察的压力巨大：一方面是日益提高的审判标准；另一方面是持续薄弱的侦查质量和刑事政策的机械性适用。因此，检察机关还要把住批捕关、起诉关，打通案件质量传递通道，通过不批捕、不起诉将日益提高的审判标准向侦查前端传递，为此每年不批捕、不起诉的人数达40多万，光这个量就是其他三大检察工作量总和的数倍。当然效果是好的，通过不起诉激活正当防卫之后，获得了公众的普遍认可，这也就说明我们的产品满足了公众的需求。

　　捕诉一体的提出是想整合两项刑事检察的主打产品，形成强强联合，减少内耗，提高质效，也加强制约。从长远来看，应该是能够提高自身效率的，但是目标不止于此，我们更希望通过审查引导侦查，缩短刑事检察的审前周期，降低案件比，提高整个刑事诉讼的质效。为此，我们要更加精细化地引导侦查，从审查逮捕阶段就详细开列补查提纲，并说明目的、意义和方法，并在审查逮捕和审查起诉的整个过程对侦查进度进行连续跟踪，也就是整合两项审查，进行连续审查。这不是简单地传导压力，也是在传授方法。这是一种建设性的压力，是一种有方向性的引导。这也不是简单的捕与不捕、诉与不诉，而是指出为什么和怎么办的过程，是通过审查整合检警关系，也为庭审实质化铺平道路，这也是引导侦查的实质化，就是要解决问题。为此，检察官要操更多的心，不仅操自己的心，还要操侦查机关的心，其精力、心力的付出一定是巨大的，不再是捕与不捕就结束了，而是还要创造性地提出补充侦查的思路，这一定是建立在深入审查案件证据，娴熟把握法律和刑事政策，全面了解侦查方法的基础之上，而且还要在沟通上讲究策略和方法，从而实现真正意义上的检警一体化，以确保刑事检察的质和量都在提升。

在履行各种办案职责的同时，还要发挥好监督职责，在审查中要依法排除非法证据，并进一步发现侦查违法的线索，依法提出纠正意见，存在职务犯罪可能的还要依法移转侦查监督线索。在审查已有事实的基础上，还要做到除恶务尽，对遗漏的犯罪事实和犯罪嫌疑人依法进行追捕追诉，在公安机关补充侦查不力的情况下，还要依法自行补充侦查。对于发现公安有案不立，或不该立案而立案的，还要开展立案活动监督。审判之后还要对审判活动和判决进行监督，对判决裁定确有错误的案件还要开展审判监督工作。例如，以抗诉为例，仅2018年的刑事抗诉就有8 504件，是民事和行政抗诉总和的两倍以上，而抗诉是民事、行政检察工作的主要业务形式，但在刑事检察来说这是一小部分。除了刑事指控之外，刑事检察还要延伸地提出刑事附带公益诉讼，2018 年起诉的 3 228 件的公益诉讼案件中有 2 476 件是刑事附带公益诉讼，占到三分之二以上，而这些案件中的很大一部分就是公诉人在审查刑事案件时发现的，有些就是由公诉人一并办理的，因为所谓的附带公益诉讼是高度依附于刑事案件本身的，单独的民事部分证据不多，或者就没有，事实也与刑事案件的事实几乎是一致的，只是单独要提出一个诉讼请求，要发一个诉前公告，手续稍微多一点，起诉书额外再写一段。目前北京就采取了一个公诉人、一份起诉书的工作模式，实践证明这个模式的效率更高，出庭更紧凑，而且对于整个庭审可以统一把握。因此，目前能够提起诉讼的公益诉讼案件，很大一部分也是刑事检察的延伸。由于刑事案件涉及社会的方方面面，存在综合治理的问题，对轻微的违法问题，还要发出大量的检察建议。这些刑事检察职能和延伸性职能都是在繁重的刑事办案基础之上，对这些职能的要求和期待，实际上也是对刑事检察产品的新要求，这些新要求都必然以提高刑事检察的质和量为基础。因为刑事检察的基础工作量本身已经非常庞大，在此基础上再做增量，其累加工作量更是极大的。

刑事检察官的工作日益繁重，以一个检察官为例，除了办好自己的批捕、起诉案件，还要想着做好认罪认罚，对犯罪嫌疑人进行教育转化。这意味着只把证据事实弄清楚是不够的，量刑也要弄清楚。随着庭审公开，出庭压力的加大，碰到不认罪的案件，还会有证人出庭、侦查人员出庭、鉴定人出庭，这更需要做好充分的准备。巧妇难为无米之炊，要想把案件办好，侦查的基础是关键，因此现在的审查批捕与原来已经不一样了，还要精细化地引导侦查。在整个诉讼流程的过程中还要注意发现监督线索和综合治理的线索，判决之后还要审查是否需要抗诉。在办理刑事案件的同时还要去发现刑事附带公益诉讼的线索。而目前还要开展扫黑除恶，对刑事检察官就提出了更高的政治要求和业务要求，这些压力每一个都是巨大的，何况累积到一起？这些密集深度的工作要求又建立在90%以上的案件量基础之上，其工作负荷有多大？

有一个公诉人从刑事检察部门调到了公益诉讼部门，她说现在沟通是比原来多一点，但是没案子、没有庭，人安逸下来了，但是闲起来也发慌，怕以后不会出庭了，有时间就去听一下原来同事的庭。

事实上，从自尊心的角度和利益考量，没有人会说自己不忙，自己的工作不重要，自己的部门人够多。但是要根据实际工作的需要和任务量来科学配置检力资源。检力资源的配置要符合基本的经济学原理，向效益产出最高的产品线输出。考试的时候，我们都知道要根据分值来分配时间，而不是在几种题型间平均分配。比如填空5分、选择5分、简答10分、论述80分，那肯定是至少要给论述80%的时间，甚至更多的时间，因为更容易得分、拉分。如果要平均分配，只给论述题25%的时间，那只能草草写完，最后的总分肯定不会理想，甚至不及格。这是一个基本的常识。因此，四大检察的提出要明确的一点是这个"大"不是规模意义上的一样大，而是四种类型的检察工作，四个需要努力的方向，或者说四种不同的检察产品。这几种类型的权重关系会有一定的调整，但是刑事检察作为基础性、本源性的职能，所形成的主打型的产品是从检察制度诞生之初就已经注定了的，其后的演进是根源于此发展起来的，要深化发展，首先要深化发展这块主业，这是四大检察之本，其他三大检察是末，本末不可倒置，或者平置。搞平均主义、大锅饭的做法必然会挤压刑事检察的空间，伤害检察制度的根本，从而使认罪认罚、出庭实质化、量刑建议精确化、强化诉讼监督、强化引导侦查等时代对检察机关的一系列新要求落空。目前，全国诉讼监督数据下滑严重就是一个迹象，如果批捕、起诉案件都办不过来，还哪有时间搞监督？一个基层院的公诉人问我，为什么每一次改革我们的人都会减少呢？这就是现在的问题。

现实的司法需求是检察产品的基础，所谓工作量的差异，其实反映了不同检察产品类型的产量和复杂度的差异。新的工作要求和任务，又体现了对产品优化完善和产品线升级改造的需求，上文的描述正是对司法需求的直观反映。检察资源就应该根据需求的差异进行配置，不能说用户需要汽车，我们偏生产飞机，这样是无法满足用户需求的，或者说用户对刑事检察的需要量大、需求的层次在提高，但我们反而把资源撤走去发展其他。我们认为用户可能需要的产品，可能未必是他们真正需要的，我们的有些调整是在搞创新，是在抓战略增长点，但如果不是基于需求出发的调整，用户是不会买账的。他们对刑事检察的需求实际上是对检察机关的主要需求，这个主要需求得不到满足，用户就会认为检察机关工作不到位。

确实就像银行窗口一样，一个主要业务就一个窗口能办，然后就排大队，其他窗口闲着也不给你办，你说气人不气人。你肯定想问问他们经理，你们是怎么想的？其他人闲着干吗？还有没有点服务意识？这个逻辑对我们而言也是一样的，资源不合理配置的恶果，必然是影响产品质量和服务的感受。这是一种计划经济的操作思路，没有根据市场需求调整供求，供求失衡、经济效率低下是必然的。目前在高检院，算上五厅和九厅，四大检察配置比值大体是 6：1：1：1，虽然没有完全达到与刑事检察占全部工作量 90% 相当的比重，但也还是体现了一个主导性的作用。但是到了地市级院就变成了 3（或 4）：1：1：1，到了基层院甚至会变成 1（或 2）：1：0.5：0.5。但是我们都知道刑事案件工作量大头在基层，这个就会造成本来就已经失衡的资源配置方式更加失衡。这主要就是因为划分四大检察之后，部门分化之后，形成自上而下的"壳"成本，就是为了保持相对独立的业务类型而设置的部门或单独的办案组等组织形式。麻雀虽小五脏俱全，只要有一个组织就不是一两个人的问题，就有一些组织性的、政治性的、管理性的、内勤性的工作要承担，就构成一个独立的"窗口"，就可以屏蔽其他"窗口"的压力，即使是其他"窗口"的队排到大街上也和自己没关系。有些院领导坐不住了，采取了跨部门轮案的应急方式，但是上级院的部门又有不同意见了，认为这种方式侵犯了自己的领域，这个岗位的人只能干这个岗位的事，没事干也不能干其他的，认为这种方式触犯了专业分工，会影响"壳"的稳定性。实际上，基层院之所以资源配置失衡比较严重，也是为了尽量保持"壳"与"壳"之间的相对独立，从而在格局上与上级尽量保持一致，即使在业务部门相对有限的情况，也尽量挤出一些资源搭配一下。资源越少的情况下，"壳"成本就越高，对刑事检察的挤压效应就越明显，解决的办法就是尽量减少壳、去掉壳。就像银行窗口一样，每一个窗口几乎都能办所有业务，用户只要叫号排队就行了，工作量也均匀了，资源也不浪费。只有在上级银行，它的专业分工才会进一步体现。这个措施检察机关也值得借鉴，打破"壳"界限有利于跨部门资源的整合。

三、检察格局调整和资源配置规律

这一次检察格局调整相比以往最大的进步就是破除链条式分割的划分模式，以专业化重新整合检察资源，以四个相对独立完整的业务流程对检察职能进行基本划分，每一个都具有相对的完整性，形成相对独立的四个闭循环结构。尤其是捕诉一体的整合，更是统合了整个刑事检察链条，从而使刑事检察成为一个拳头，使引导、制约、配合的作用都能够发挥到极致，并进而打造更加强大的刑事指控体系，为出庭实质化铺平道路。这一轮检察格局调整的关键就在于整合，将纷繁复杂的业务流程切为四块。就像乔布斯重回苹果一样，也是将产品线切分为四块。实际上这都是经济学思维的精确应用。因为无论是企业，还是检察工作，都有一个基本规律，就是在特定时间内资源是有限的，检察机关作为司法机关更是如此，编制不会轻易增加的。不管你想干什么，就这么多人，你让干这个就干不了那个。想干得多了，就会顾此失彼。以往部门林立造成了很大的资源内耗，链条式划分更是造成了各管一段、彼此掣肘的严重问题。四大检察的提出在这个意义上解决掉了这个历史性弊端，使检察机关旧貌换新颜。只有精力更加集中、更加专注才能打造更好的检察产品。可以说，集中优势兵力，集中有限资源，永远是成功之道。但是目前在推进四大检察的过程中存在为了搞"四大"而搞"四大"，误以为"四大"就是"四个一边大"的问题，将有限的资源按类型平均分配，而没有尊重四个检察领域在检察格局中不同的地位和作用，没有充分体现刑事检察的核心性和主体性地位，刚解决了检察资源的纵向分散问题，又陷入了横向分散的误区。尤其在基层检察机关为了维持四大检察而人为形成了一些"壳"障碍，阻碍检察资源的整合，看似上下一致，实则条块分割。检察格局和资源配置的方向应该是以需求为导向的，就像解决银行的排队问题，解决企业的产品线问题，答题时间的分配问题一样，应该根据用户的需求量和质来配置检察资源，既然需求方对检察机关的需求主要是刑事领域，那就应该据此配置，不存在部门之间需要均衡的问题。

所谓均衡的依据是什么，看用户的需求还是看起来好看？如果是需求导向的配置方式，就以让用户满意为最大的均衡，如果用户需要96：2：1：1，那它就是最好看的，而不管我们认为它均不均衡。

应该让司法需求在资源配置中发挥主导性作用，以吻合检察改革和资源配置的基本规律。

司法案例网之提倡

一个案件胜过一沓文件。

典型案例可以发挥重要指导性作用。不仅对当事人会产生影响，而且会对公众的法治观念和法治信心也会产生重要的影响。

但是这些影响要想真正发挥作用，融入人们的价值观，成为人们的条件反射，只依靠少数的案例是远远不够的。

就比如 2018 年的重庆公交车坠桥案，为什么这一车的乘客都选择做沉默的大多数？

这个案件是在 2018 年 11 月发生的，昆山反杀案当年 9 月就处理完了，而且进行了广泛的宣传报道。这些乘客不可能完全不知道。

但是为什么没有一个人敢于出手，挽救自己和这一车人的命运？

因为这里边还是有一丝的迟疑、犹豫，还是害怕会惹上麻烦，害怕打人要承担责任，害怕最后还是要唯结果论。

正当防卫合法性这个事还没有融入我们的血液，成为我们的潜意识。

虽然我们也激活了正当防卫这个法器，但是案例还是太少了，很多人认为这是一种偶然性。

唯结果论，从而产生的躲事、怕事的心理还没有被根本动摇。

即使在司法机关内部，主张正当防卫、民事纠纷等除罪化事由的司法官仍然经常会被当作异类，甚至其执法公正性也会遭到无端的猜疑——僵化保守的执法理念仍然具有巨大的惯性。

正所谓，冰冻三尺非一日之寒，去除以机械执法为代表的保守主义痼疾，也不是星星之火能够解决的。

必须累积起这些向上的司法火种，使之形成燎原之势，才能真正去除机械化的司法寒气。

具体来说就是要建立司法案例网。

目前有几个方面的资源：

1. 两高发布的指导案例，优点是权威，缺点是量太少，内容无法展开，周期也比较长，都是具有全国性指导意义的，仅对一个地区具有指导性的一般不会吸收进来。

2. 各类审判参考，比较有传统，权威性仅次于两高的指导案例，但是主要是以判决角度撰写，不批捕、不起诉的检察案例没有吸纳进来，而且虽然有累积，但是量还是少，更新也比较慢。

3. 学者编写的案例教材，学术性比较强，但是由于案件本身信息掌握不全面，学术观点各有不同，因此与实务处理的结论经常存在不一致，而且数量、及时性也同样不足。

4. 律师编写的案例书，这些与学者的案例集有相似的问题。

5. 在网上公开的判决、起诉书、不起诉书等法律文书，这些文书量很大，但是没有对案件系统梳理，不能体现案件全貌，尤其是起诉书、不起诉书又相对简单，仅靠文书不能反映整个案情，有些文书的公开还具有一定的选择性，真正需要公开的反而没有公开。

6. 散见于各种报纸杂志的案例，体例格式不一，也不具有系统性。

总体来看，关于案例问题，我们还没有一个平台进行系统梳理，个别机构开展了部分收集工作，但是也不具有权威性、系统性和持续性，量也不够。有些以大部头的形式结集出版，但又与移动互联网查询的便捷性、持续更新性、迭代性相背离。

因此，笔者郑重建议相关国家机关、学术机构或者重要商业组织可以建立一个中国司法案例库，系统收集、整理、编撰中国各类司法案例。为了使这个平台具有持续的生命力，建议采取自组织的生态化管理模式，通过自我组织、自我管理、自我迭代实现案例系统不断进化，使该案例库成为中国司法案例的维基百科，这一点也是借鉴了笔者在设计刑事出庭能力培养平台中出庭百科的部分原理。

1. 定位。案例库主要做平台和生态，主要职责在于维护规则和秩序，适当对编辑重点和导向进行引导。

2. 集成性。集合目前几乎能够找到的各类司法案例，进行系统分类和整理，作为案例库诞生之初的数据源。

3. 开放性。允许所有司法从业人员、研究人员甚至学生开设个人账号，也允许所有的司法机构、学术机构、律所以及其他商业组织开设单位账号，在平台上发布案例，海量地接受案例。在案例发布上并不设置过多的门槛，但也要进行必要的审核，事后发现案件存在误导、事实描述错误以及其他违反相关法律的情况，才会进行删除。

4. 可持续性。这是这个案例库的生命，只有持续地有人发布优质案例，这个持续才会有价值。可以借助社交推送、智能推送等方式使好的案例实现关注最大化，通过借助打赏等功能实现知识服务有偿，从而使案例发布者获得名与利的双重回报，产生内生动力。各级司法机关是最大的案例源，调动他们的积极性主要依靠整个案例系统用户量级不断提升所产生的吸附效应，以及通过案例发布机构的排名榜单所产生的荣誉记分牌效应。这个持续性实际上是一个滚雪球的过程，达到一定的规模和热度之后，案例和用户就会源源不断而来。

5. 便捷性。简化发布流程，仅有基本的格式限定，以及规范化的主标题和副标题描述方式，确定基本的分类和检索关键词就可以进行案例发布，在移动端和互联网端均可操作。便捷性更主要体现在检索方面，应该将格式化的查询功能与模糊查询功能相结合，方便用户在短时间内在海量数据中找到更精准的案例。

6. 大数据技术应用。系统可以根据权威性、关注数、点击率、评价数等多种维度进行综合的排序。通过对多年来、长时间的案例累积，以及近期法律动向、司法导向和刑事政策，生成案例的规律图或趋势图。比如正当防卫近年来被激活后，就应该呈现近十年或二十年的正当防卫案例趋势图，体现正当防卫案件数量的变化。虽然正当防卫案件的新闻效应会呈现不断衰减的态势，但是根据综合判断目前人性化执法的司法走向，应该能够判断出正当防卫案件是一种重要的司法趋势，就应该通过给予流量关注等方式加推正当防卫案例，从而引导司法人员关注这方面法律的适用，同时也是为需要此类案件的司法人员提供方便。总之，案例库的热度要比一般的新闻持久，把握的趋势要更加长久，这也是案例库与今日头条等新闻类平台的一个显著的不同。

7. 人工 + 智能。案例其实是司法智慧的凝结，简单用算法的方式可能还很难对司法智慧进行把握。在案例库运行的初期还是需要借助大量的资深司法人员参与编辑、整理，人工智能可以跟进学习法律专家的编辑风格，走驯化型的渐进性人工智能进化路线。达到一定成熟度之后，再不断增加人工智能的辅助编辑功能，从而提高系统的运行效率。

8. 观点包容性。同一个案例，不同的法律人员会从不同层面表达立场和观点，甚至阐述事实。这些是否会影响案例库的权威性？我认为恰恰相反，这反而增加了这个案例库系统的权威性。你也只有在这个平台上，才能看到这种多角度的观点呈现。案例的视角不同，但是司法决定是唯一的。因此，并不是没有结论，并不会产生真正的误导。围绕一个案件，从不同角度进行阐述，同时接受公众的评价，可以更加清楚地看到在案件办理过程中不同观点的碰撞。每一个案件的办理其实都在保护多种可能性，这些可能性会不断地发酵生长。也许这一段时间内，一种观点占据主流，但随着时间的推移，少数派的观点反而可能占据上风。通过这个平台，我们可以同时了解到这些不同的观点，这其实是一种巨大的进步。因为，所谓真正的权威不是体现在绝对性，而是包容性。

总之，就是通过司法案例库这个平台，引导司法从业人员办理精品案，以办理精品案为荣，通过案例库影响力的扩大帮助案例撰写者，也有很多的案件的办理者可以借此获得更多的影响力和成长机会。从而也是在鼓励各级司法机关建立以办案为中心的内部激励体系和司法公信力建构体系，更加关注办案本身，并从办案累积中获得司法经验。

这些案例不一定非要影响全国，仅仅影响一个县、一个市也是有意义的。只要累积就有意义，通过累积，办案人员总结了经验，实现办案经验的系统化，通过公开发表，实现知识的公共化，供其他法律人参考借鉴，为司法规律的图谱标定了一个坐标，从而为司法趋势增添了一份势能。

正是这些涓涓细流才汇成了中国司法的江海，但是这些细流本身的面貌，却决定了海的颜色。

司法环境是社会经济环境的基石

我们办的不仅是别人的人生，也是公众的价值观，是人民对法治的期待。

虽然我们激活了正当防卫，但案例还是太少了，很多人还是觉得具有偶然性；虽然我们也在保护民营企业，但很多工作还没有完全到位，至少在它们心目中的印象还没有完全扭转，比如"投资不过山海关"的印象，这些问题的改变还有很长的路要走。

一

司法与法律的区别在于到底有没有落地。

法律写着无罪推定，但是司法实践中依然大量出现冤假错案，人们便不会相信法律的公正性。

法律明确写着正当防卫，但是如果存而不用，大家到时候还是不敢出手。

法律如果不被信奉，将形同虚设。

司法体现的是活的法律，是真格的。

而司法的这种影响就是通过一个一个的案件，影响人们的价值观。这是一个冰冻三尺非一日之寒的事。

唯结果论这个事，是我们从父母、亲属、朋友、同学、同事、媒体那里一次一次听来的，或者是我们自己亲身经历的，是成千上万个案例构成的。虽然和书里说的不一样，但是我们还是更相信这些现实发生的事情，因为它更真实。

这些真实的感受就来自于一次一次的司法行为。

每一次司法行为不论是否被广泛地报道，都会对当事人及其相关的人员产生直接的影响，进而逐渐产生扩散效应。

虽然并不是每一起案件都有重大影响，但是这些案件是海量的，并且是日积月累的，对人的影响是潜移默化的，就像风蚀作用一样，虽然看不见、摸不着，但是经年累月的塑造之后会发生惊人的变化。

司法不只是在影响行为，而且是在塑造行为习惯，是经由千百次的直接或间接经验形成的人的潜意识，这些潜意识就是在关键时刻决定我们做出什么样行为的条件反射，它构成了一种明哲保身的思维定式。

这些具有公众普遍性的行为习惯和思维定式，经过代际传播，最终会成为社会的潜在运行规则。

可以说正是这些司法行为塑造了我们的价值观以及营造了这种价值观存在的社会环境。

这些环境的改善，也就是普遍性行为习惯的扭转，绝非一日之功，也不是几个案例所能够解决的。

这需要对长期的司法行为进行再塑造。但是目前我们的司法官也还在转变观念的过程中，而通过司法行为影响公众行为习惯的转变更是一个漫长的过程。

但我们欣喜地看到理想的星星之火正在呈现燎原之势，它在重新塑造一部分舆论、一部分司法官，并经由他们的推动再去影响其他人。

一种新的司法理念和司法价值观正在悄然形成。

"你办的不是案子，而是别人的人生。"这句话之所以能够传播开来，正是这种共识不断生长的证明。

这个过程虽然是缓慢的，但却是一种大的趋势。

二

事实上，司法所达成的正是一种社会共识。

司法是平衡的艺术，这种平衡就是在寻找社会的共识。

法律是社会共识，但是有滞后性，原来的共识可能已经失去了基础，只是还没来得及调整。而且法律的特性也不允许轻易地调整。

司法就是通过把握、判断、权衡来形成一个一个个别的共识。

什么样的行为是正当防卫？

什么样的行为是经济纠纷，而不是经济犯罪？

什么样的行为不应该用刑罚来评价？

行政处罚与刑罚的边界在哪里？

哪些是社会规则缺陷所造成的法律陷阱？

司法对这些的判断就是在形成新的共识。

近年来，从一系列冤假错案翻案开始启动的司法进步列车，再经由经济犯罪案件边界的重新界定，正当防卫以及人性化执法理念的提倡，在不断影响着公众的观念和行为模式，从而达成了更高文明程度的社会共识。

三

司法体现的其实就是社会的文明程度。

司法是社会规则的塑造者。

市场经济本质上就是一种规则经济，只有规则更加公开透明，在规则中充分博弈所获得的收益能够得到充分的尊重和保护，人们才能放心地去投入精力、时间、资本和智慧。如果动辄得咎，那么有瑕疵的经济行为——虽然也有社会规则缺位的责任，最后板子却都只能是打到经营者头上。这与故意伤害的唯结果论无异，都是一样地不分青红皂白，一样地机械执法。

最后的结论也必然是一样，就像重庆公交车的乘客一样，创业者们也只能做沉默的大多数，陷入一片创新者的死寂。

行为的边界从来不是非黑即白的，总是有灰色地带，有说不清楚的地方，最重要的是明确司法的导向是在保护善良、勇气、正直和创造，还是相反。

事实上，鼓励正面的力量要比打击它们难得多，需要小心的呵护，持续坚定的支持，这种鼓励不应是个别的、偶然的、低调的，而应该是持久的、有力的、公开的，只有这样才能逐渐扭转巨大的行为惯性，并最终真正产生重塑作用。

什么样的环境会塑造什么样的人，这是环境的伟大力量。

而司法官的伟大之处就在于他有机会重塑这个社会环境。

因为，司法是最基础的社会规则，它对人的行为导向具有根本性，我们一定要从完善社会治理体系的高度来理解司法工作的极端重要性。

司法的社会网络效应

认罪认罚是传递善意的金桥。

有一个特别复杂的金融犯罪案件，主犯当时没有到案，从犯到案了，但始终拒不认罪，由于案情颇为复杂，在零口供的情况下证据如何串联成为一个难题。

经过检察机关多次做工作，拟提出缓刑的量刑建议，被告人最终选择认罪认罚，并向检察机关详细介绍了证据之间的关联性，"教"检察官如何指控自己，最终出庭得以顺利完成。

被告人发自内心地认识到认罪认罚的价值后，还主动向同监室的狱友宣传认罪认罚的意义，并帮助一位狱友草拟悔过书，这位狱友在法庭上宣读了这份悔过书之后，使另一起敏感案件也收到良好效果。悔过书的水平使得在场的司法人员颇感意外，后来才了解到是这一情况。

令人意外的还不止于此，在被告人执行缓刑后不久，那起金融案件的主犯家属又主动联系检察机关询问认罪认罚的有关事宜,最终主犯向检察机关投案,并同样也适用了认罪认罚程序,使得这起复杂的案件得以完美收官。

这不是认罪认罚的力量,这是善意的力量。这何止是善意传递的链条,它是善意铺就的网络。

对于犯罪网络我们是熟悉的,反倒是善意的网络我们却不熟悉了。

笔者今天就想聊聊这个话题。

其实说一千道一万,还是人的社会网络。

一、善意是无心插柳

正所谓善有善报。

但是善意不能具有很强的功利性。善意不是简单地图什么,要求回报什么,那就成了简单的交易,不具有道德属性。

认罪认罚不是简单的交易和交换,而是必须以双方的真诚性为前提,一方是发自内心的认罪悔罪,一方也是发自内心的希望被告人能够重新复归社会。

只有基于了解之同情,认识到犯罪的真正动机和原因,带着感情来办案,带着人性去努力实现公平正义,去教育转化被告人,才能触达被告人内心最柔软的地方,激发出尚未泯灭的人性,进而实现向善的转变。

只有善才能激发出善。

这就是利他主义的传递链条。

利他主义基本的道德观，不是某些人独有的，它根植于每个人的内心深处。

人总要有伙伴，有其他人的帮助，否则在社会上就无法立足。

人不可能仅依靠自私自利和算计而存活，他必须释放一些善意，才能换来善意。

善意其实是无心插柳，所谓得道多助。

你对别人报以微笑，更有可能收获微笑，虽然不是必然，但可能性会增加。

认罪认罚虽然效果好但要检察官多做工作，比如说教育转化、沟通协调，尤其是复杂敏感案件，要增加不少工作量，本来提讯一次，现在可能要提讯两次、三次，还要跟辩护人沟通多次，最终为开庭所节约的时间可能都不够之前的付出。这些是否值得？

当你在问这句话的时候，其实你是在问你付出的善意是否值得，你对人的好是否值得？

爱又值得吗？

付出本身就是一种收获，给予善意本身就是一种收获，因为你对这个世界尽了你的一份力，你让这个世界多了一份变好的可能。

而且只要持续地付出就一定有收获。

当你抱着很强的功利心来看这些认罪认罚工作的时候，你的答案很可能是不值得的。

因为你计算了你的时间和工作量，你觉得没有节约多少，而且浪费了，你觉得不值得。

你从微观经济学角度来考量了这个案子，但你忽视了这个案子的宏观经济学的一面。

你觉得这个案子本来很重的，搞了认罪认罚让被告人便宜了，你觉得不值得。

你用自己狭隘的价值观剥夺了立法给予当事人的一份权利，以及更大的法治价值。

你没有想到认罪认罚本身就是一种司法善意，是对真诚悔过者的应有鼓励，在这个问题上你只是在考虑你自己的利弊得失，没有考虑被告人的利弊得失，也没有考虑司法大局的利弊得失。

当你认认真真做好每一次教育转化工作，做好每一起认罪认罚案件时，就像你给所有人报以微笑一样，所有人不必然都会还以微笑，但你是释放了一种善意，这种善意就像种子一样会播撒开来——不是每一颗种子都能长成参天大树。但我们唯一知道的是，如果你不播种就一定不会有收获。

善意就是一种不确定的收获，是无心插柳，一种对世界的友善态度。

而这种发自内心的善意姿态，能够激发每个人心中的善良天使，触动他们心中柔软的地方，激发他们不带功利性的与人为善的念头。

只有不带功利性的传播，才能促使不带功利性的再传播。

二、每个人心中都有善良的天使

曾经有一位上诉人告诉我，他走上犯罪道路很大程度上是他父亲的原因，他说他父亲曾经手把手教他如何拿刀扎人，如果他把别人打了，他父亲会给买好吃的，如果他被别人打了，他父亲回家还会打他。

我问他，你恨你父亲么？他说，我不恨。

我问他，你会这么教你的孩子吗？

他说，我一定不会，我不想让他们成为我这样的人。

每个人心中都有自己的善良天使。

没有人是天生的恶，或者注定的恶，他们都有自己走上这条不归路的原因，即使他们罪大恶极，他们对家人和朋友往往也抱有温情。

这是不可泯灭的人性。

它根植于人的社会属性。

我们要做的就是激发它，而不是浇灭它。

认罪认罚就是激活这种内心善意的机制，虽然你犯了错，犯了罪，但是你认了，并且想改，就说明你的内心已经有触动，这个触动本身就是善意的体现。

你知道悔恨，认识到过错，并且愿意接受处罚，就是认识到犯罪的本质和问题的严重性，这就是改造的开始，这一点就是要通过认罪认罚从宽予以鼓励和肯定。

认罪认罚首先不是从宽，而是一种认可，是认可这种向善的转变，进一步再通过从宽予以鼓励。

从宽是对回归意愿的褒奖，是通过善意架起的一道金桥，是对悔过自新实实在在的肯定，也是将之与顽固不化者区分开来，是司法与被告人之间的善意互动。

认罪认罚的潜在价值，还是在播撒善意的种子，在适当的土壤和温度下就能够成长，并能够开花结果，最终形成善意的二次传播，结成善意的网络。

三、司法要惩恶扬善

司法当然要依法惩治犯罪，从而保护善良的公众免受不法侵害。但在惩罚恶的时候，也不是一棍子打死，不是毁灭和隔离，也应当着眼于回归，为争取罪犯早日回归创造条件。

这个回归不仅是物理意义上的回归，也是内心的归回，不仅是身体回到社会，而且内心也要融入社会。

这个教育转化的过程不是从判决生效的时候开始的，而是从司法处置犯罪的时候就开始了，当犯罪嫌疑人被抓捕的一刹那就开始了。是否真诚地忏悔，到底能否改过自新，还是抱着投机主义、侥幸心理，这个司法官都能够感受到。

只要还存有一丝的善念，我们都不能放弃，都要努力予以激发。

这一丝的善念其实就是照亮他人生前路的一盏灯火，一旦熄灭，未来将失去希望。

但是如果采行认罪认罚，对罪犯进行教育转化，能够通过真诚帮助其重燃善意之火，并促使其发自内心地感受到社会对他的包容和接纳，使其真正地重新融入社会，那将是司法最大的善举。

司法通过惩罚恶来保护善，可以保障一时的秩序，但通过激发犯罪者内心的善念来促使其由恶向善回归，才能获得长治久安，才是治本之策。

四、司法的社会网络效应

通过认罪认罚构成的善意传递链条其实是一种社会网络。

人与人之间相互交叉相互连接，就构成了社会，这个社会的连接方式就像互联网一样，是一种网络结构。

任何人和任何人都可能发生关联，世界上任何人与任何人想要发生联系最多只要通过六个人，这也被称为"六度空间理论"。

与之相比，司法所构成的社会网络就显得更为简单。

公检法之间，公检法与被告人之间，被告人与其他被告人之间、与律师之间、与亲友之间、与狱友之间，以及所有这些人与公众之间等等，形成了交互相连的关系。

一个重大案件的认罪认罚能促使被告人真诚悔罪、改过自新，而被告人必然也会将这份真实感受分享给狱友，这些狱友又会将这份感受分享给其他能够接触到的被羁押人员，这些人员又会向本人的律师、亲友进行反馈，如果判处缓刑或刑罚执行完毕被释放后，自然就会在更大范围内向亲友和公众传递。律师当然更是会随时把他们获得的信息向外界传递，对受众来说这些口口相传的信息要远远可信于官方传播，因为这是现身说法。如果一个被告人说认罪认罚好，其他人又有什么资格来反驳？这就是社交推荐的力量。

这些的传递以及进而形成的公众印象，又会通过各种渠道反馈给公检法的办案人员，因为这些办案人员与被告人也生活在同一个社会之中，他们也无法逃避共同的社交网络，这些反馈信息又会在司法官之间传递、交流，进而对司法官产生影响。

比如开篇所说的那个案子，这个承办人可能获得了更大的激励，因此他本人及他的领导又传递给其他承办人，这些人又会向上报送这个典型案例。这个典型案例一旦转发，就会在更大范围内产生影响，进而对公安和法院产生影响。

其实这个案件本身的侦查人员和承办司法官肯定也会受到激励，这种善意的连锁反应多带劲，下一次也可以这样干！这种观念就会在这些司法官心中生根，甚至会在这些单位中生根，在能够影响到的司法官心中生根，并进而再影响到他们所承办的其他案件，而这些案件的被告人又会接受新一轮的善意传递。

未必所有案件都会产生这样的连锁反应，但或多或少都会收获善意的回报，甚至可能引发善意的再次传播，甚至多次传播，并进而产生刚才描述过的善意扩散网络，并且一次比一次范围更大。

现在，认罪认罚案件在很多省份的适用率都超过了 50%，也就是在全国，可能有数十万的被告人都被这个善意传递的网络所吸纳进来，进而又释放出更多的善意反馈，那这个循环往复的善意循环就已经铸就，它实际上就是司法的社会网络效应。

这个司法社会网络既可以传递善意，同样也可以传递恶意。设想，如果是机械执法泛滥或者冤假错案层出不穷，这个网络传递的会是什么？难道有什么东西能够阻止它们传播吗？

我们根本阻止不了司法社会网络的传播，我们唯一能够做的是尽量在这个网络传递善意，而不是恶意和冷漠。我们深知这个网络的外延是整个社会，它影响的是整个社会的价值观。

检察官的再出发

以"四大检察"为标志的本轮检察改革给人的最大感觉就是务实。今天我想从一个普通检察官的视角谈谈在推进"四大检察"全面协调充分发展中检察官的责任与定位问题，也就是检察官在改革背景下如何再出发。

一、务实：应该成为检察官责任和定位的基本语境和底层逻辑

"务实"这两个字也应该成为确定检察官责任和定位的基本语境。总的来说，检察官的责任应该是司法责任，检察官的定位就是司法官，这个关键就在"司法"，它是诉讼意义上的，而不是行政意义上的。从这个意义上来讲，它包含了很多亲历性的、各司其职的、相对独立的意义在里面，体现了一般的司法规律，有别于科层制的审批制运行方式。说白了，也就是每

一名检察官都把自己的案件办好、办透，四大检察的基础就有了，否则就没有。但是现实中，将行政管理与司法责任相混淆，将行政经手等同于办案，业绩上属于办案、责任上不属于司法责任等问题冲击着检察官的基本职责定位。

这一点笔者在市院了解得更清楚一点，很多人喜欢办督办案件，胜过自己亲自办案。因为督办、指导案件也算案子，但又不用承担司法责任，不用亲自阅卷、提讯、开庭，即使是阅卷，看到什么程度，也是没有压力的，没有责任就不会有压力。检察官法规定检察官助理不能独立办案，却可以督办、指导案件，甚至承包一定区域案件的督办工作。对助理来说，与其协助检察官办理二审案件，不如"独立"地督办、指导案件，独立地向领导汇报，这样给领导留下的印象也更深一些，效益更大。

而且更重要的一点是，督办、指导的往往都是社会关注度高的案件，影响力大，自己能参与一下，说出去好听，写到履历上光鲜，很多时候还有专项的立功受奖机会，自己也可以跟着沾光，这样一比都有点看不上自己手里的那几件平平淡淡的二审案件了。督办的性价比明显更高：督办的主要工作就是写专报，专报就是专门的简报，报告阶段性处理情况，或者打请示，很多时候都是下面写好的，自己把抬头改一下，这是传递信息，还是办案？它的司法属性在哪里？事实上，办公室有时也要编案件专报，他们为什么不算办案？当然，有时也会拿出一些参考性的意见，或者在几种承办人意见中选择一种，或者给出一个倾向意见、参考意见，甚至是请依法办理的意见，或者组织一些专家论证会，这些意见有时是供下边参考，有时也会传达上级的指示，要求下级院落实，但是这是咨询、传达还是办案？有些类案的专项督办，批量地呈报一些专报，关注一些动态，形成一些报告，最后在内勤那登记一下就算几十件上百件的督办，这样一算办案量自然就很高，这些办案量是实实在在办理案件累死也追不上的，所以大家都对此趋之若鹜。从趋利避害的角度来看，大部分人都渴望责任更小、付出更少、收益更大的职责定位。但是如果这种观念盛行，必然让老实人吃亏，最终人浮于事，没有人再愿意踏踏实实办案、真正尽心负责，四大检察改革的使命和任务就会落空。都在忙督办案件，忙别人的案件，自己的案子就放下了，或者简单处理了事。

上级机关办理的案件虽然量少一些，但办理的往往是重大、复杂的案件，这些案件富含追捕追诉、诉讼监督、职务犯罪的线索，以及刑事附带公益诉讼的线索，包括社会综合治理的线索。这些有没有办？办了这些有没有总结、写成案例，研究这些案件的规律？忙于督办的结果，就是忽视自己的司法责任，将行政经手当作司法履职，强调行政管理必然导致下级院在办理案件时过分依赖上级，将矛盾上交，不再担当，从而忽视本身司法责任的履行，最后是上下级检察官自己的案子都没办好。这是检察官定位的一个误区，检察官作为司法官就是要亲力亲为办好自己的案件，这是别人不能替代的，如果对承办检察官的能力有担心，可以考虑调配人员承办、参办，如果认为案件特别重大，应该商请人民法院改变级别管辖，那就直接提办，不放心就拿来自己办。而且从案件比上说，本来是一个案件，现在层层督办，层层都算案子，一下子变成两三个案子，虽然没有上系统，统计不出来，但绩效考核都有体现，立功受奖全都有份，本来一个案件的绩效，变成两三个案件的绩效，这明显也属于"虚假繁荣"，更是助长"凑数办案"、浑水摸鱼的不良风气。因此，督办、指导应该充分贯彻司法办案责任的精神，成为极个别，而且也不应作为司法绩效予以考核，不应该再当作案件看待，应该属于综合性业务工作的范畴。事实上，起草一个规范性意见影响的案件可能更多，但是没有人把它当作办案。应该让"务实"两个字贯穿整个检察工作，成为指导检察官履职和定位的底层逻辑。

二、整合：让基层检察官成为"全科医生"

整合是这轮检察改革的第二个印象。"四大检察"就是整合，捕诉一体也是整合，而且是调整维度之后的重新整合，通过整合从整体上盘活了检察资源，这是这轮检察改革的基本逻辑，检察机关的宏观循环已经打通。但是还有微观循环，也就是毛细血管这部分还需要进一步打通。就像牛顿力学在量子领域会失效一样，基层有着不同的逻辑。目前基层的主要问题就是内设机构和办案组织的"壳"仍然太多，阻碍了资源整合。"窗口"很多，却在一个地方排队，其他窗口没事也不能管。根据高检院向全国人大做的报告分析，刑事检察的工作量占到全部检察工作量的96%，考虑其他三大检察的发展，在未来权重总和也很难超过10%，刑事检察的工作量和任务是压倒性的。（详见前文：《从需求侧看检察格局重塑》）但是目前刑事检察的资源分配在基层很少超过50%，远远低于实际的工作需要。这就像银行的窗口，产生排队效应，只有一个窗口办用户主要需要的业务，其他窗口没事也不给办，只能让用户排队，效率十分低下，并进而影响服务质量。近来出现的无罪率上升、诉讼监督数据下滑、结案率下降、案件比高就是"排队"效应的直接体现。但是由于内设机构、专业化办案组这些"壳"的保护，挡住了从刑事检察溢出的压力，检察资源无法充分得到利用。

事实上，"四大检察"并不仅仅是机构意义上的"四大"，还应该是四个方向、四个领域都有所建树。所谓的充分协调发展，不应该是条块分割、各自为战，而应该是在一个检察官身上得到整合。事实上，四大检察虽然有专业性的不同，但并不是不可逾越的鸿沟。首先，司法考试的时候这些领域都要考查，法学院校毕业的学生，都要学这些内容，这就说明检察官应该具备"四大检察"的基本知识储备。2018年全国起诉的3 228件公益诉讼案件，有2 476件是刑事附带公益诉讼，占到了三分之二。这些都是公诉人发现或者自己办理的，都涉及或多或少的民事法律内容，但是并不影响刑事附带公益诉讼成为整个公益诉讼案件的主力。其次，刑事案件本身也会涉及金融、科技、知产、医学等方方面面的交叉学科知识，这些内容也是无法在学校和书本中学到的，都是需要在实践中学习的。事实上，检察工作本身就是一门实践性很强的学科，检察官就应该具备必要的自学能力。就像干柜台的银行职员，要掌握各种业务技能。在社区，很多医生都是全科医生，没有那么多医生用来划分到更多的科室，业务量也不饱和。越是基层、越是人少，"壳"的成本就越高，就越应该整合职能，减少机构设置，甚至不设机构。

事实上，修订后的《人民检察院组织法》第18条规定，人民检察院根据检察工作需要，设必要的业务机构。检察官员额较少的设区的市级人民检察院和基层人民检察院，可以设综合业务机构。也就是说内设业务机构并非必须设置，而是根据需要设置必要的业务机构，甚至综合的业务机构，当然也可以不设置业务机构。在人数少的基层院，可以将四大检察职能都整合在每一个检察官身上，将各类案件统一轮案，将不同案件的工作量划分为不同的权重进行积分，对案件绩效进行科学评价，对于办理刑事案件时又提起附带公益诉讼的，可以参照诉讼监督等一样计分，工作效率高的检察官可以在承受能力的基础上申请多分案，年底最终根据办案的数量、绩效进行评价。整体分案也不是完全不设专业化办案组，但应该是在全的基础上再细分，所谓的专家也不是只会办一类案件的专家，而是在实践中逐渐形成各个检察官之间的专长和分工，对于特定复杂案件，可以在检察官之间进行调剂。这样，就打通了基本的检察资源，每个检察官都能办"四大检察"，对"四大检察"都有思考，可以依托自己办理的批捕、起诉案件拓展其他三大检察的空间，并通过资源整合后节约下来的时间将认罪认罚、量刑建议、出庭实质化、扫黑除恶、引导侦查、诉讼监督、综合治理等新要求落实。"四大检察"的协同发展不再是小而全、静态、机械的发展，而是根据各个单位、地域的实际情况，根据司法实际需求，根据各个检察官能力特点的百花齐放，上级检察机关主要是通过绩效和政策来引导。是让司法需求在检察资源的配置上发挥基础性的作用，上级适当发挥政策的调节作用，创新政策工具动态引导"四大检察"的充分协调。

三、专业：人的专业才是真正的专业

专业化是"四大检察"的隐含逻辑。四大方向具有清晰的专业属性，刑事检察内部也有案件类型的显著区别，通过机构框定边界、积累经验、专研政策是一种解决思路。但所有的知识最终都要回归到人的头脑当中，一个领军型的人才可以创立发展一个学科，他的流动往往就成为一个学科重心的流动，就像考博士，很多时候也是考导师，拜名师。看病也是一样，通常来说是选医院，但是达到一定难度就要选医生，他在哪个医院并不十分重要。因为，要解决的问题往往是具体的，而不是宏观的。一个院的业务能力很多时候也就是几个优秀的检察官在撑着，或者影响着。有时候这些人成为领导干部，有些时候没有。刚才提到减少"壳"的壁垒，就存在一个进一步去部门化、去行政化的问题。但这些领军人才的培养、使用，直接影响着在特定单位对"四大检察"发展的引领。因此，笔者认为在去行政化的同时，要进一步加强业务化，要对领军型专业人才的培养使用给予充分的重视，给他们充分的职业尊荣和职业舞台。不仅是从检三十年这种纪念性的荣誉，而应该将其与检察官等级高配、疑难案件办理、业务团队培养组建等实际利益和任务结合起来。

笔者建议参考首席经济学家、首席工程师等制度设立首席公诉人，由其代替原来部门主任等行政化角色，不再是行政化的管理，而是专业化的引导、引领和培养。不再是勉强地推动领导干部带头办案，而是主要承担疑难案件，由其选择一些有潜力的检察官助理，组成首席公诉人办案组，示范性地带头办案。原则上，他的每一个庭都应该成为观摩庭，允许其他检察官和助理旁听。在平时可以进行案件咨询，回答其他检察官的疑难问题，在检察官联席会议上，引导大家深入研讨，从而充分发挥传帮带的作用。而待遇上可以使其获得与本单位副职或正职相当的级别待遇，使普通检察官多了一个业务性的奋斗目标和发展方向，使真正优秀的、多年积淀下来的专家型检察官能够安心。每一个单位有一位这样的领军型人才坐镇，就不愁疑难复杂的案件没人办，人才的梯队没人培养。通过人这个维度积累下的检察经验和专业知识，才是真的、活的知识，才会真正促进四大检察的专业化。首席公诉人不仅仅是一位领军型的检察官，而是一种尊重、培养和选拔人才的机制，通过这些培养、锻炼和激励机制可以为上级检察机关和"四大检察"的发展源源不断地输送人才，成为人才专业培养的机制。

务实、整合、专业是四大检察协调发展的检察官视角，更是检察制度演进发展的底层逻辑，以此为坐标确定新的航向，检察官需要再出发。

办案是我们改变世界的支点

有些人把办案当作一种负担，但我却认为它是我们改变世界的支点。我们只有通过案件才能对这个世界施加影响，当然这个影响既可以是正面的，也可以是负面的：它取决于我们对待案件和当事人的态度；取决于我们有没有认识到，我们办的不是案子，而是别人的人生，是公众的价值观，是国民对法治的期待。这是我作为检察官的初心。

一、办案是为了让这个世界变得更好

记得我 2004 年刚到北京市房山区人民检察院侦查监督处入职，那个时候侦查监督处刚由审查逮捕处改过来，正是自上而下对侦查监督工作格外强调的时候。虽然当时也是书记员，但是师傅们都对我比较信任，放手让我打报告，让我自己拿意见。当时有一个案件，我发现有一个违法搜查的问题，我就提了出来，我觉得可以考虑发纠正违法通知书，当时好几年都没人发过此类文书，领导比较慎重，但是我还是很坚持，最终文书发出来，引起了公安机关的高度重视，据说当时办案的派出所副所长为此还被免职，我当时心里也是咯噔一下。当时发的时候，只是觉得侦查中的严重违法问题还是要说出来，否则很难引起重视，并不是一定要处分谁，但由此产生的后果也说明公安是动了真格的了，把检察机关的意见当回事了。

2007年，我已经到了公诉部门，我又将办案这个支点撬到了外地。当时碰到一个骗婚的案子，一个河南籍女性嫌疑人，篡改了自己的年龄，并通过补办户口的方式办理了合法的户籍手续，这成为本案的核心事实。后来通过调取其胞弟的户籍信息，同村老邻居关于姐弟属相的证言，该嫌疑人前科案件中其父亲的证言等最终确定了该嫌疑人的年龄。鉴于该女子户籍所在地区存在一定户籍管理混乱的问题，我们依法向该地区公安机关发出检察建议，并收到了相应的回复。

从此我就跟户籍干上了。当年还有一件假释期间再次实施诈骗犯罪的案子，这个嫌疑人在假释期间竟然在河北省邯郸市峰峰矿区上了"真"户口，谁敢给一个正在服刑的罪犯上户口？这成了一个严重的问题。为此，我们专门给当地检察机关移送了职务犯罪线索，峰峰矿区检察院反渎局局长亲自带队来京提讯本案的嫌疑人核实情况，最终该地检察机关经侦查对涉案户籍民警提起公诉，该民警最终获得了有罪判决。后来，我们还回访了该地的检察机关和公安机关，峰峰矿区公安局局长跟我说，因为这件事整个邯郸市都刮起了一股"户籍风暴"，对通过补录方式上户籍的进行了重点排查，清理了不少问题户口，并对检察机关给他们提的醒表示感谢。这个案件后来还被评为北京市第三届诉讼监督精品案。我们用一份检察建议和一个职务犯罪线索，能够撬动公安系统整顿户籍，这就是办案的支点效应。

2010年我被遴选到市院，办的案子更大了，可以调动的资源更多了，支点也就更大了。我办过一件贩运毒品案件，几乎是零口供，实际运毒的同案犯都被取保了，没有提起公诉，同案犯之间互相推责，我的助理都没有信心了，我说我对案件负责，还是要定。最终通过手机伴随及轨迹信息、车辆轨迹、跟踪民警的证言、其他曾经从上诉人处购买毒品的证人证言，以及上诉人对小区一废弃车辆的控制等证据串联起证据链条，最终不仅对该上诉人定罪处刑，还据此向分院发出书面追诉函，追诉同案犯到案并最终被判处无期徒刑。

2017年，我办了一件平谷区的杀人案。这起案件因为赌博机引起，上诉人沉湎于赌博，借上高利贷，最后倾家荡产，把放高利贷的人杀了。我询问了关键证人之后，发现这一地区赌博机网点较多，与高利贷形成灰色产业链。很大的原因是当地有拆迁工程，失地农民得到房屋或者货币安置，手里有些钱了，但是就业问题并没有得到充分的解决，就导致有钱不知道干什么，从而使赌博机乘虚而入。我想这一问题绝不是孤立的，恐怕在远郊和城乡接合部都一定程度地存在，经过全市范围的调研也印证了这种判断，只是各区对赌博机的打击力度不同。平谷区公安机关反映存在一些法律障碍，为此我与平谷区院配合，专门召开专家论证会，解决了其中的法律问题，出台了赌博机案件的会谈纪要并在全市转发，根据调研情况梳理形成了专门的调研报告，整体向市院侦查监督部批量移转了立案监督线索，推动全市范围内开展相关整治工作。

2018 年，我办了一件抢劫案，上诉人之前是快递员，后来陷入微信群的赌博不能自拔，又因为老婆怀孕着急用钱，走上了犯罪道路。到案那一起抢劫是上诉人利用经常在该小区送快递比较了解用户情况的便利，锁定女性用户，以假装送快递的方式骗开房门入室抢劫，最终以大量胶布缠绕口鼻的方式致被害人死亡。这一次是第二次上诉了，上一次上诉时又坦白了一起抢劫案，也是致人死亡。提讯时上诉人对案件的细节有一些辩解，但最核心的诉求还是认为自己都主动一起交待了，是有功，想从宽，不想死。我和他说，你主动交待，我们欢迎，也认可，但根据法律，同种数罪是坦白，不是自首。另外，我说两起人命在身，恐怕也难逃一死了，那些辩解意义不大。如果你真想法庭从宽，那就好好认罪，这样还有一线希望，但是我必须说希望不大。不过，有一点我是可以承诺的，就是我可以帮助他把犯罪源头打掉，问他愿不愿意？他非常愿意，他对这个微信赌博群也深恶痛绝。然后，我们用了大概三分之二的提讯时间了解微信群赌博的细节，包括发红包猜大小的具体方式，庄家主要都是谁，入群方式，人员组成，他的手机密码等，最终将该犯罪线索移转至公安查处。而本案暴露的离职快递人员利用熟悉用户情况的便利进行侵入式犯罪，才是社会的真正隐患。试想，中国这样一个快递大国，有多少妇孺老幼在家中收快递？这些需要从根本上解决，甚至都不是一个快递公司的问题。为此，我们向国家邮政局正式发出了检察建议，建议他们完善整个快递行业的安全标准，包括利用大数据建立上门快递人员的身份快速识别机制，离职快递人员在快递人员身份识别系统上及时注销，方便普通用户能够实现隔着房门就对快递人员进行身份识别，减少犯罪风险。

案件其实不仅是案件，而是我们对社会施加正面影响的机会，通过我们的影响可以让世界变得更美好。

二、正义不但要被看见，还要被看清楚

我们都知道"正义不但要被实现，还要以看得见的方式实现。"这是在强调程序。而我认为，正义不但要被看见，还要被看清楚，在程序的基础上要进一步强调细节。

还在房山的时候，我办了一件卖假商标的案子，这种案子往往查不到下家，都是按未遂判，往往判得很轻，效果不明显。

这起案件起获了几仓库的假酒商标，但是由于也没有找到下家，没有定既遂，公安按未遂移送过来的，而且有一个负责记账的犯罪嫌疑人认罪态度还不是很好。我看了卷宗也没有什么办法，嫌疑人不说，也很难查。但我看随案移送的有一个小笔记本，记了各种符号、外号、数字，而且这些文字还被划来划去，很乱。但是细致翻阅你会发现，它其实有一定的规律，不是乱写的，很像一个账本，但很难确定具体的买家姓名，因为几乎没有一个完整的名字，犯罪嫌疑人也不愿意说出来。但是这并非无解。我将整个笔记本经过仔细辨认，将其中的符号、外号、数字都完整誊录下来，将它们转换成打印字体，这样更方便阅读和检索。然后我提讯犯罪嫌疑人让他核对，我誊录的内容和他笔记中的对不对，一页一页核对，一页一页签字。这些确认好之后，我就通过检索、对比等方式逐渐摸清记账的规律，就像破译了一套密码，非常兴奋。最终就靠这手写的笔记本，将未遂改为既遂起诉，在法庭上，我基于这套"密码"来展现销售的规律和实际交易情况，将犯罪隐秘的细节展现出来，获得判决的认可，让被告人获得应有的刑罚，公安的同志也很服气。

2018 年，我在市院办了一起诈骗案件，是冒充重要国家机关人员的身份实施的，敏感复杂，经过第二次上诉了，证据链条还存在一定的漏洞，补证的压力很大。我们对公安进行了有针对性的引导，比如笔迹鉴定的问题，这是关键的书证。冒充身份的重要证据的签名，无法证明是其所签，主要是在第一次进行笔迹鉴定时，上诉人有意调整了自己的笔体，和以往签名差别很大，因此无法鉴定出来。出具的办案说明称需要当时的笔迹。我很想让公安再做一次，但是侦查员有顾虑，说没有当时的笔迹做不了。我就在卷宗中翻找，找到了其最早期的一些签名笔迹，包括询问笔录时的签名，权利告知书上的签名，其自行提交书证的签名，还有就是关键的银行取款凭条上的签字。经过我自己审查，这些签字与书证上的签名应为同一人所为，却与笔迹鉴定之后的签名有很大的差别。我要求缩小鉴定的范围，就围绕这些笔迹进行同一性鉴定。但是由于签字需要原件，因此由公安机关与外地银行协商，将凭条原件借用鉴定后又即刻归还银行，经过翻阅原件，还意外地发现了上诉人当年在凭条上亲笔所写的背书。通过这种有针对性的鉴定，最终获得了同一性的认定，与其他大量的补充证据一起，上诉人最终被依法定罪处刑。

让人心服口服，一方面是靠庭前的证据收集；另一方面要看庭审如何展现。以审判为中心的诉讼制度改革后，庭审的实质化越来越强。为了提升在庭审实质化背景下的出庭能力，我设计了一套出庭能力培养平台，在全市适用后发布了三千余场观摩庭，上万人次参与旁听。作为系统的设计人，为了起到一个示范作用，从 2017 年 7 月开始，我自己共出了十多场观摩庭，其中北京市院，一二三分院，东西城、朝阳、海淀、丰台、石景山、通州、大兴、房山、平谷、密云等区院，河北省院、沧州市院、黄骅市院共计上百人次参与旁听，涉及公诉、经济犯罪检察、金融犯罪检察、职务犯罪检察、知识产权检察、审判监督、检察管理监督、检察技术等多个条线，包括全国检察业务标兵、北京市十佳公诉人、北京市检察业务专家等资深公诉人。我对他们每一个人都深表谢意，因为你们的瞩目就是我最好的老师，你们给了我无形的压力。在这个过程中，我也形成了自己脱稿出庭的风格。有一个外国博士留学生诈骗中国女性的案子，上诉人智商很高，精通法语、英语和汉语，辩解能力非常强。上诉人重点就强调被害人的自愿性。开庭当天除了所在国领事人员要旁听，还有河北省三级院的人员旁听，压力很大。为此，在准备出庭时，我以在案的数十万条微信、Whatspp等社交网络通信记录作为重点，将上诉人与被害人以及其国内亲友关于同一事件的不同表述，与上诉人以各种发人同情的理由骗取钱款后的高消费行为进行对比，以这些资料为基础，在心中形成讯问提纲，就是无形的提纲，在心里有一个大致的方向和重点。通过这种弹性化的讯问，随着讯问的深入随时调整策略，通过讯问一步一步暴露上诉人的矛盾点，当庭全面揭示上诉人的谎言，让其谎言不攻自破。

还有一起案件，也让我记忆犹新，是一件杀妻案，事实不复杂。上诉人与被害人离婚几年了，法院判决在农村的一个院子归被害人，也就是上诉人的前妻所有，但是上诉人不服，经过上诉，甚至申诉再审，法院均支持了被害人的主张。被害人也申请了强制执行，但是没有成功，被害人只好自力救济，通过换锁刨炕等方式进行自力救济。上诉人发现之后就急了，用钢管在院子里就把前妻和前妻的母亲打死了。在法庭上他还辩解前妻骂他了等等，还说他还有个孩子，孩子已经原谅他了，希望法庭能给他一条命，他好抚养孩子。我说：你打她妈的时候，你想什么呢，不管有什么矛盾，那也是孩儿她娘啊！就在这一刻，全场突然异常的安静，包括上诉人在内，他不再昂着头，而是低下头。我顿了几秒钟，好让大家体会这一刻的感受。我知道，在这一刻，我看到了正义的降临。这样的话也是提前准备不出来的。

还有一个故意伤害致人死亡的案子。一个同案犯上诉，他辩解说当时喝多了，只是记得被别人打了，想不起来打过被害人，而且现场的视频很模糊，距离摄像头有点远，人都很小，很难分辨。为此，我看了几十遍的监控视频，结合言辞证据交叉反映出的每个人的大致动作姿态以及衣着，通过他们的姿态特点再判别出每个人的具体行为，尤其是上诉人的完整行为过程。现场来了很多上诉人的家属，以愤怒的眼神望过来，好像在说看你把我们家人给冤枉了。我知道这个庭出的不仅是要给法官看，也是给上诉人的家属看的，要让他们看清楚。如果看不清楚，即使判了他们内心也是不服气的，对司法机关也不会有好印象。但是视频并不清楚，只是结合证言和行为特征可以判断出上诉人及其肢体行为，不过还是需要多次观看，在庭审上播放一次效果并不明显，而且二审一般也不重复出示证据。我是脱稿出庭，我始终与这些家属有眼神交流，我能看到他们的情绪变化，当上诉人辩解自己才是被害者的时候，家属的情绪是激动的，只是由于法庭的纪律才保持了必要的克制。我在讯问的时候，确定了必要的细节之后，在发表出庭意见的时候，用一连串带有画面感的语言还原了当时的现场。我说道：上诉人在案发之初的时候，确实被人推搡，但是事态一度已经平息了。在平息之后，上诉人突然又与被害人打起来，打还打不过，被被害人推倒了，这时他的大哥冲出来，拿出一把刀扎向被害人，连扎数刀把被害人逼到一个靠墙的柴火垛，直扎到被害人躺到柴火垛上。这个大哥转身都要走了，但是被害人身体非常强壮，竟然挣扎起来了，这个大哥有点按压不住，这时候上诉人过来把被害人按下去，并且按住，让这个大哥顺利扎刺，直到被害人不能动为止。当我说完这些的时候，家属眼中的怒火消失了，并渐渐归于平静，当我离庭的时候，他们只是望向我，我看到一种释然和解脱。我知道他们看清了案件的真相和细节，而这正是通过即席发言的方式、通过画面感的语言实现的，这就是语言的力量，连贯的语言本身就增加了说服力。

　　还有前面提到的那个前快递员抢劫的案子，在开庭时，我并没有为了追求维持死刑的结果就只是单方面强调案情严重的一面，我将自己对这个案件的思考和犹豫都呈现出来。我说这个案子让检察员反复权衡，一方面上诉人非常配合，始终认罪，还主动坦白一起抢劫，并且能够配合司法机关调查犯罪源头，认罪态度不可谓不好；但是另一方面，本案的罪行非常严重，两条人命在身，我国又是有死刑的国家，考虑现在社会的接受程度，不判死刑恐怕公众很难接受。因此，建议维持原判。但是检察员想说，认罪之后虽然没有从宽，但认罪并不是没有意义的，一是给被害人家属以极大的宽慰，尤其是坦白出的这一起，如果上诉人不说出来，不知道何时才能真相大白；二是作为一名父亲，虽然犯了错，但是敢作敢当，在这个意义上也算是给自己的孩子一个"榜样"；三是都说出来了，到了临走那一天，也可以获得自己内心的平静。这些不是虚无缥缈的，都是实实在在的。上诉人在最后陈述时失声痛哭，他说希望法庭能够给他一个机会，如果不能，他希望死后能将器官捐献给国家，悔罪莫过如此吧。

我们的司法行为可以触及灵魂，也可以挽救灵魂，可以抚慰伤痛，也可以影响别人的人生，在这个意义上，我们需要审慎而为，如履薄冰。另外，我们的司法行为以及延伸又可以帮助建构完善社会治理体系，让世界变得更好，这需要我们以除恶务尽、愚公移山的勇气和毅力大胆作为。

不忘初心，方得始终。

司法官助理的出路

以员额制为核心的司法责任制已经在全国落地，成为最终实现"让人民群众在每一件司法案件中感受到公平正义"的关键。

我们知道这个核心是以员额法官、员额检察官为代表的司法官。

但是这些司法官从来不是一个人在战斗，他们的背后既有承担基础司法事务性工作的书记员，也有参与实质司法事务的司法官助理，而他们实际上就是在与司法官一起办案子。

他们有些原来就具有助理审判员和助理检察员的身份，原来就能够独立办理案件，只是还不符合入额条件而无法入额。还有些在基层具备入额条件，但是在改革之前被遴选到上级司法机关担任司法官助理，或者是上级院早些年招录的大学生，但由于改革已经启动，或者改革前就已经暂停了助理审判员和助理检察员的任命，导致他们没有助理审判员和助理检察员的身份。

根据现有的政策，没有被任命过助理审判员和助理检察员身份的这些人只能到基层院入额，要想回到现有单位就要再逐级遴选。

但是当初的遴选本身就已经是一种职业选择，也是一种人才选拔机制，这些优秀的司法官助理在上级司法机关已经发挥了重要的作用，而且有些工作年限已经将近十年。再让其返回基层院入额，既是对其本人职业生涯的"折腾"，也是上级院人才的损失。

而且根据现有的政策，以后入额只有基层院一条路，上级院除了将现有助审员和助检员身份的人消化外，只能从基层院遴选员额。但是这只是解决了员额来源的问题。那么上级院助理以后从哪里来？没有助审员和助检员身份的员额不让在上级院入额，意味着他们只能走。下级院遴选的只能是员额，即使遴选了司法官助理，也不可能再新任命助审员和助检员，这些人还是不能直接入额，事实上也就不会再有人来当助理。这就会导致上级院的司法官助理逐渐枯竭，最终到完全没有助理可用，成为一个死循环。

而上级院明明办理的是重大复杂案件，甚至还要承担一些司法管理职能，更需要一些司法官助理实质地参与到这些更加复杂的司法实践当中，并在这个过程中成长历练，这些助理扮演的是准司法官的角色，这个过程是他们成为上级院司法官的预备阶段，是必需的，也是十分重要的。由于职能的区别，即使他们在基层院是办案能手，也并非就能一步到位地适应上级司法机关的工作，实际上需要一个这样的过渡期。

另一方面，上级院的司法官助理也并不是心甘情愿地去基层院入额。这有很多方面的不现实，首先是职业选择。来到上级院就是希望在更高的平台上发挥自己的作用，也逐渐适应这样的工作氛围，符合自己的职业预期。所谓人各有志，不能勉强。一旦强迫可能会发生三种我们不愿意看到的结果。第一，辞去公职；第二，调离岗位，去其他行政机关、行政岗位，跳开员额制"魔咒"；第三，消极怠工。没有出路，必然会放弃希望。无论哪种都是司法工作的损失，我们相当于逼着优秀的人才离开。

当然还是有一部分人会选择妥协，到基层院入额。但这也有很多难处，很多中心城市和中心地区的基层院就会产生所谓的拥堵效应，因为这些地区的上级司法机关集中，都要来入额的话，本来就已经非常有限的员额，更承受不了几级检察机关一起来抢，自己的人还入不过来呢。甚至会发生下级院给上级院要入的额顶回去，会导致入不下去、入不了的问题，先下去也没那么容易。勉强能够接受的边缘地区（因为挤占有限的指标，内心也是不情愿的），又已经远离了上级司法机关所在地，远离了上级司法官助理的经常居住和生活地。去基层院入额不仅意味着要离开自己熟悉的工作环境和满心期待的工作前景，还意味着要远离自己的家庭。所以很多人宁愿选择离职也不愿意承受这种代价。

而这种代价是司法责任制改革必须要付出的吗？有些人认为这只是过渡期的问题，付出代价也是希望司法机关尽快走上精英化的道路，这个代价值得付出。

但我认为，这并不能解决问题。

员额制从来不是司法官自身的问题，它一定是司法官与司法官助理的双循环问题。这也不是过渡期的问题，因为即使过了过渡期，也无法解决上级司法官助理的来源问题。而所谓未来司法官助理的来源问题与现在司法官助理的出路问题，其实是一个问题。这个问题无解，上级院司法官就将面临孤掌难鸣的局面，这也将背离司法责任制改革的初衷。

笔者的建议非常简单，就是要赋予全部现有上级院司法官助理在本院的入额资格，给他们出路，这才是真正的老人老办法。新人新办法要从现在入职的大学生开始，上级司法机关的业务岗位原则上不再招录应届毕业生，新入职人员都要从基层院入额。

但是在基层院入额之后在还没有符合上级院入额条件的人，允许其被遴选到上级院担任司法官助理，为上级院正在不断减少的司法官助理队伍注入新的血液。这些人符合条件之后，可以在上级院直接入额，不用再返回基层。

这样既为上级院司法官助理提供了源源不断的后备力量，也成为上级院司法官的预备阶段，又可以一劳永逸地解决现有上级院司法官助理的出路问题，给大家一个定心丸。

虽然这样的过渡期更长一点，但那又怎么样？从 1999 年主诉制开始，司法责任制改革的探索已经二十年了。而且这其实也不是一个时间问题，这是制度循环是否打开的问题。

给这些司法官助理以出路，实际上是在给司法责任制良性发展铺路，进而为司法改革的顺利进行铺平道路。

因为司法责任制的关键在人，这个人绝不仅仅是司法官，也包括站在他们背后的司法官助理，而且司法官助理其实就是未来的司法官。

可以说司法官助理就是司法的未来，我们不能让未来失去希望。

量刑建议一般应予采纳的本质是格局调整

虽然刑事诉讼法明确规定"对于认罪认罚案件，人民法院依法作出判决时，一般应当采纳人民检察院指控的罪名和量刑建议"，几种特殊情形除外。

但是实践中很多法官还是不愿意照着检察机关的量刑建议判，无论是幅度刑量刑建议还是确定刑量刑建议，他们认为量刑建议一般应予以采纳的规定束缚了他们的手脚，侵蚀了他们的刑罚裁量权。

他们会说："我还要做一些工作"。被告人已经认罪认罚，不知道还要做什么工作。

"我内心有自己的判断"。当然了，我们都有自己的判断，而且我们与被告人都已经达成了一致意见。

"量刑上，我更有经验"。这是一个事实，但是检察官可以逐步改进，而且刑事诉讼法明确规定了，法院认为量刑建议不当的应该先建议检察机关调整，很多时候根本没有沟通调整，法院就直接在量刑建议之外下判。

是否存在刑事诉讼法规定的几种特殊情形，而没有采纳检察机关的量刑建议？实践中可能有，但我几乎没有听说过，即使如此也应该先建议检察机关自行调整量刑建议。

也有一些法官说了实话，那就是"量刑建议侵犯了我的量刑权，我就是不想采纳"。

这其实说到了本质。

量刑建议一般应予采纳的本质就是以立法形式将法官的部分量刑权让渡给检察官，以此换来检察官在前期方便开展工作，提高审判效率和整体诉讼效率。

很多试点城市的认罪认罚案件比率已经超过一半，甚至达到了60%、70%，而且未来还会更多。这些案件的量刑建议一般都会被采纳，这个一般至少占八九成的比例。从这个意义上来说，未来可能有一半以上的刑罚都采纳了检察官的量刑建议。这部分的量刑权实际上就从法官让渡到了检察官手中。

某种意义上这就是量刑权的重新分配，从法官大权独揽，到与检察官分享，这个变化还是很大的。

很多法官就是接受不了这个，他们仍然固守着法官独揽量刑权的传统思维，不顾立法的重新调整，甚至拒绝执行新的法律。

某种意义上这是以司法权对抗立法权。

立法权的重新调整有着非常深刻的法治考量。

这是一种法治产品的供给侧改革。

只有量刑权部分地给到检察官，检察官才能够做工作。

试想，如果检察官提出的量刑建议，虽然都已经与被告人达成了一致意见，但是法官却不一定认可，不是一般采纳，而是一般不采纳，那给被告人留下的印象会是什么？

不要听检察官的，跟他协商没用，他说话不算，法官根本不听他的。

具结书还签不签？签也行，先拿一个基础分。等到法庭上，再说一点检察官不知道的情况，让法官在量刑建议之下判，反正听说法官一般都不愿意按照检察官的意思判，那咱们就给他个理由呗。就高判？法官知道我们会上诉，所以一般都会就低判。

如果就得不够低，那就再上诉，反正上诉不加刑，再说出点东西，还有可能再进一步从轻，这真是个如意算盘。

这个结果就是检察官、法官都会被各摆一道。

本来检察官辛辛苦苦做认罪认罚处理，就是想让法官轻松一点，但是法官不想轻松，还加重了自己的负担，在量刑上再重新斟酌，稍不称被告人的心，后续还会产生二审、发回重审等一系列的负担。

法官为了自己的固执，不惜牺牲整个诉讼流程的效率，打乱认罪认罚的秩序。

一个量刑建议经常不被法官采纳的检察官，还怎么去做其他犯罪嫌疑人的教育转化工作？

量刑建议采纳率的低迷，将直接影响认罪认罚的适用率和适用成本。

深层次的就是破坏整个司法机关的公信力。

一个经检察机关审慎提出的量刑建议，经与犯罪嫌疑人协商同意，经值班律师或者辩护人见证确认，在没有法定事由、不经法定程序的情况下，有什么理由可以轻易推翻？

这到底是出于公心，还是出于私心？

出于公心就是要捍卫法官的量刑权和审判权，但是立法已经修改了，有没有看到？法官要不要执行法律？

原来说那个量刑权和审判权，是刑事诉讼法修改之前的内容，现在是老皇历了，为什么不能翻篇？

要说出于公心，那应该维护的是法治的统一，确保有法必依、执法必严。要尊重检察官的劳动成果，尊重被告人的意思表示，尊重律师的专业确认，尊重认罪认罚的法定程序，尊重司法机关的整体公信力，尊重程序的稳定性，节约有限的司法资源，捍卫法治的尊严和权威。没有特殊情况，别在这个地方较劲，把精力放在更加复杂的案件上以体现以审判为中心。

可以说此时此刻获得多赢的局面，是轻而易举之事，法官何乐而不为？

但是有些法官放着多方面的司法利益于不顾，而偏要一意孤行。根据初步了解，这种分布在法官之间具有显著的不均衡性，有些法官的情况比较集中。

这就要问一个问题，这里面有没有私心？有没有将量刑权当作自己的利益看待？

当然，这里面也有一个检察官过于迁就的问题。虽然刑事诉讼法规定的很明确，但是在法官一再违反法律规定，在量刑建议之外处刑之后，检察官仍然是一忍再忍。

忍让的理由是："法官对我们的量刑建议总是有意见，有的认为最好不要提"。检察院不但没有抗诉，反而将量刑建议的幅度越搞越大，最后跟法定量刑幅度差不多了，那你这个提和不提还有什么意义呢？

过大的量刑建议幅度，对犯罪嫌疑人也无法形成准确的心理预期，也没有意义。

以审判为中心的意义不是以法官为中心，更不是以法官的情绪为中心。

这个情绪如果违背了法律的明确规定就应该予以纠正，应该通过必要的抗诉程序给法官提个醒，一般应当采纳的立法条款不是摆设，立法将量刑权重新分配不是你愿意接受就接受，不愿意接受就不接受。这关乎认罪认罚制度的整体推进，关乎法治的威信，关乎法治的大局。

对于量刑建议正确，法官违反法定条件、法定程序不采纳的，不能轻易接受判决，对于是否提抗有必要寻求上级检察机关的抗前指导，同时就相关情况及时与法院沟通以得到法院的理解。

对于通过大数据画像、审判监督、控告申诉等工作发现法官存在利用量刑权谋取私利的，不能姑息，有必要启动职务犯罪侦查程序。

量刑权是神圣的司法权力，不是任何人的私人领地。认罪认罚制度将其供给前移，从而换取司法效率，增加司法的确定性，从而将更多司法资源投入复杂案件当中，前与后、快与慢，这是法治的辩证法，随着法治进程的发展而不断优化完善，这也是不可违背的司法规律，通过立法确定之后更是不可挑战的法治红线。

司法者，必先守法。

对抗诉的恐惧其实是对司法规律的恐惧

最近有文章提到"乱抗诉"的问题，看着好像是在具体的语境中提出来的，其实带有一定的普遍性。就像笔者之前写到的《无罪恐惧论》《不起诉是问题还是成绩》，就像对无罪和不起诉的恐惧一样，对抗诉的恐惧其实也是对司法规律的恐惧。

"乱抗诉"中的"乱"没有给出一个标准。因为只有超越了合理的尺度才叫"乱"。在没有给出合理尺度的情况下就说是"乱"，实际上是一种始终无端的指责，实际上这才真正是一种滥用话语权的行为。

事实上，面对海量的上诉案件，抗诉案件的量微乎其微，上诉率一般都在 10% 以上，而抗诉率只是千分之几个点，往往是一百件上诉案件才会有一件抗诉案件。在这种情况下，能说是在用"乱抗诉"对抗"乱上诉"吗？这种指责没有事实的依据。

该文主张检察机关对认罪认罚的上诉持包容态度，体现所谓的"度量"。但对这种上诉也不是完全不管，主要就是由法院来管，具体来说就是"违背具结协议上诉无理的，不予支持，该依法发回的，坚决发回，不再按认罪认罚案件从宽程序处理，让'失信被告人'付出程序与实体双重代价""不再按从宽程序处理"，难道还能加重刑罚吗？

如果在检察机关没有抗诉的情况下通过发挥重审的方式加重刑罚，不是公然违背了上诉不加刑原则吗？

宁愿违背"上诉不加刑原则"自己来加重刑罚，也不让检察机关抗诉之后合法地加重刑罚，这是一种什么样的"度量"？

这是什么样的心态？貌似以中立立场保障当事人的上诉权，实则是排斥和反对监督，是一种即使有问题也不希望被人来管的司法擅权的态度。

文章也提到了"上诉无理"和"失信被告人"，也是承认这些案件可能存在问题，需要纠正，但只是不希望检察机关通过抗诉的方式一起帮助纠正。

就像实践中有些认罪认罚抗诉案件，二审法院明明知道一审判决有问题，甚至在二审裁定中写了有问题，但就是不改。表明审判权才是绝对的权力，不管你怎么抗，我就是可以不改，甚至可以知错不改，相比于此，抗诉权才是相对弱势的，它不具有这种绝对性，只能启动审判程序，没有实体决定约束力。对于这样没有决定权的权力，谈什么"乱用""滥用"。为什么不谈知错不改的"乱维持"？这反而更加应该监督。

这样的思想本身，我们更应该加以警惕，防止法官擅断正是检察机关的存在价值，而抗诉权是其中的重要手段，笔者借着这个机会，重点谈一谈抗诉的本质及其功能。

一、抗诉体现的是一种法治思维

抗诉权具有法律监督权和救济权的双重属性。抗诉是以检察机关的名义提出的，理由是判决、裁定确有错误，是检察机关监督权的一种体现。但是最终是否改判，或者说是否采纳抗诉意见还是法院自己决定的。因此，抗诉权作为监督权不是绝对的，它还具有了一种救济属性，这种救济属性是双向的，既可以抗重，也可以抗轻。

比如认罪认罚之后，法院在量刑建议之上判处刑罚的，检察机关也可以提出抗诉，这时候就会与上诉人的上诉在方向是一致的。因此，检察机关的抗诉不仅是求刑权的延续，也是检察机关客观公正义务的法律监督职能的体现。

如果抗诉权有什么特殊性，那就是可以突破上诉不加刑原则，没有检察机关抗诉只有被告人上诉的，即使量刑有误也不能加重上诉人的刑罚。这样一来即使一审量刑有问题也纠正不了，即使发回重审如果不增加新的犯罪事实也不能加重刑罚。

因此，认罪认罚案件中如果量刑有问题，需要加重刑罚的，只能通过检察机关的抗诉纠正，而不能通过发回重审的方式纠正。

这个时候，抗诉体现的是一种法治思维，是通过合法的程序手段解决问题，这是一种多年来司法改革不断追求的程序正义和法治思维。

虽然抗诉是由检察机关提出来的，但是由于它的非决定性，它发挥的作用一方面是给审判机关提个醒，重视该案的某些问题，引发二审程序。另一方面是给审判机关创造了一种可以在法律框架内纠正量刑不当的可能，可以合法地判处更重的刑罚。

对于认罪认罚又上诉的案件，很多只是恢复到没有量刑减让的幅度而已，就是一种撤销量刑折扣的行为。这种撤销行为只有在检察机关提出抗诉的时候才是符合法律规定的。

而简单通过发回重审的方式取消从宽才是一种非法治的思维，是在公然违反上诉不加刑的刚性法治原则，是一种将实体正义凌驾于程序正义之上的思维。

二、抗诉是在坚持司法规律

什么情况下应该抗诉，就像什么情况下判决无罪是一样的，它是一种司法规律的体现。

虽然无罪判决在有些地区增加的比较多，但是很少有检察机关会指责法院滥用审判权，我们一般只会说这是以审判为中心的体现，是庭审实质化的必然趋势。我们自己要提高质量，还要向侦查机关传导标准共同提高案件质量，因为我们只有认识到问题才能解决问题，把问题遮盖住是解决不了问题的。

抗诉多了一点，是不是首先要问那个案子到底有没有问题？量刑有没有问题？即使二审法院没有改，到底是本身就没问题而没改，还是有问题而故意不改？对此，我想最高审判机关应当予以关注。

就像我们对不起诉案件中被公安机关复议复核的案件会予以重点关注，但我们从来没有说你们不应该申请复议复核。或者复议复核多了就是滥用复核权。如果真的不复议复核了，你又怎么能发现问题呢？因此，害怕抗诉的本质不仅是排除外部监督，也是在害怕内部监督。

因为，既然是检察机关正式提出来的抗诉意见，当然会引起上级审判机关的重视，甚至会将抗诉率作为一个重要的负面指标予以考核，并将抗诉的案件作为重点案件予以复查。如果真的没有问题还好，但是如果真的有问题迟早会被发现。

不要抗诉本质上是不想暴露自己存在的问题。

另外，还有一个重要的心理问题，就是审判机关与公安机关一样，已经习惯了一个弱势的检察机关。近年来通过推进以审判为中心的诉讼制度改革，进一步强化了审判机关的地位，但个别情况下也存在法官中心主义的倾向。

在检察机关普遍担心无罪案件增多的情况下，个别情况下也存在以无罪案件来阻吓抗诉的情况，事实上检察机关的审判监督从整体上也呈现下降的趋势。

法官逐渐适应了一个弱势的检察机关，突然增加一点抗诉案件就会感到很不适应。这就像不批捕案件和不起诉案件增加的初期，侦查机关的不适应一样。以前都诉的为什么现在诉不了了？原来都不抗诉的，现在怎么抗诉了？

不是应该怎么样，就怎么样吗？这才是司法规律啊。

人为地限制或者打压某一个司法指标，这本身就是违背司法规律的体现。

从检察机关来说，有时候一些权力不用久了，都忘了自己还有这个权力呢。突然一用，自己也胆小，尤其是对方有意见的情况下，就越发不自信。对方都有意见了，我们还抗合适吗？你抗不抗诉，跟他有没有意见有什么关系，你只要问你确信抗得对不对就行了。只有各个司法机关都敢于发表自己的意见，这样碰撞出的司法公正才是真正意义上的司法公正。

个别认罪认罚抗诉案件，在召开审判委员会的时候，很多委员都发表了支持检察机关抗诉的意见，但是刑庭的负责人说这不是案子本身的问题，这还是涉及我们的量刑权问题，请大家考虑，结果就变成了同意刑庭的意见。如果只问权力，不问是非，是不可能实现司法公正的，也必然违背了司法规律。

刑事诉讼法明确规定认罪认罚案件法院一般应当采纳检察机关的量刑建议，两高三部的指导意见规定检察机关一般应当提出确定刑的量刑建议，这两个"一般"实际上在实质上就赋予了检察机关在量刑领域更大的话语权，通过这个话语权才能与犯罪嫌疑人沟通，才能做工作，说的话每每被否定每每不算数，还怎么进行沟通协商？

这是立法性的调整，也在最高司法机关层面达成了共识，个别法官仍然对此存在误解，以为侵犯了自身的量刑权——这并不是一个争议的问题。对抗诉权的一些意见，其实本质上也体现了对新的司法模式的不满，这不是通过打压抗诉权所能够解决的，而是需要转变理念适应新的司法模式才能根本解决。事实上，检察机关提出的量刑建议在认罪认罚案件中并不是单方面提出来的，因为需要得到被告人的同意，以及辩护人或值班律师的确认，其实体现的是控辩双方共同的合意。这也是审判机关一般应当采纳的根本原因，很多时候检察机关的量刑建议是7个月，被告人也是同意的，法庭最后判8个月，这一个月差异到底体现的是对"明显"不当的准确把握，还是只是一种情绪性的表达，是需要我们认真思考的。

三、抗诉也是在维护司法权威

抗诉其实也是在维护司法权威，有时候甚至是司法机关共同的权威。

比如认罪认罚案件中没有正当理由而上诉的问题，本来控辩已经达成了一致意见，2个月刑罚，而法院也是按照这个刑期判的。到头来还是上诉，上诉真正的理由五花八门。有的说是留所服刑，就是不想换个服刑场所，但是服刑从来不是以舒服为目的的，这个理由是否充分、合适？

当然，这里边也有一个短期自由刑的问题，目前总体来看，轻罪的羁押率、实刑率还比较高，需要通过推广电子手铐和非羁押刑等创新机制加以解决。

但是在现有条件下，刑罚执行也是一个严肃的问题，应该授予部分被告人通过上诉的方式挑选执行场所的权利吗？

这对其他安心服刑的被告人也是一种不公平。

还有的被告人说，我最近有点事要处理，所以要提出上诉。更有甚者，有的被告人的理由是听说二审开庭时可以吃到包子。当然还有各种各样的理由，表面上说都不是直接因为量刑，但是如果二审法院能够减轻刑罚那就更好，也就是对上诉抱有一种投机心理，只有好处没有坏处为什么不干？而且检察机关也不抗诉，只要不抗诉，上诉不加刑原则就可以确保自己安然无事。至于通过上诉对自己造成的"不诚信"的评价，增加的司法成本，破坏的司法公信力都持一种无所谓的态度。

认罪认罚本质是因为被告人为司法效率的提高作出了贡献所给予的量刑减让。当然，被告人的认罪认罚态度也表明其人身危险性一定程度的下降，改造的难度也有所降低，这是一个良性的循环。

但是被告人的上诉不但使已经节约的司法成本变得更加高昂，进而也暴露了其认罪认罚真诚性的问题：不是发自内心地尊重司法机关的裁决，而是抱有一种投机心理和侥幸心理，带有一种强烈的功利性，实际上反映的是对司法权威的一种藐视。

即使是一般的民事合同书，也要讲究诚信原则。更不要说与检察机关签订的具结书。

对于这种破坏司法公信力的行为，检察机关的抗诉其实不再是追求更重的刑罚，只是要求刑罚回到其本来的状态。这是一种合法也合理的要求，怎么会变成"度量"有问题？

北洋政府京师高等检察厅检察长杨荫杭有言："……查检察官职司搏击，以疾恶如仇为天职。昔者有言：见不仁者诛之，如鹰鹯之逐鸟雀。此诚检察官应守之格言。因检察官本不以涵养为容忍为能事也。"

对于这种破坏诚信、破坏司法公信力的行为，面对认罪认罚上诉率远远高于普通案件上诉率的怪现状，检察机关的抗诉其实是在维护整个司法机关的公信力，建立认罪认罚量刑的司法秩序。

因此，在认罪认罚普遍推行的初期，检察机关对此就是要果断抗诉，并且一抗到底。正如张军检察长最近在控辩审三人谈中说的，现在的抗诉是为以后的少抗诉。因为如果你不制止一个人插队，其他人都会插队，最后连整个队伍都没有了。

抗诉与上诉、不起诉、无罪一样，其实都是一种必要的司法行为，其反馈的都是司法系统运转过程中的必要信息，从而保障司法系统的良性运转。就像痛觉之于人体，虽然不舒服，但确是万万不可缺少的，因为它给我们提醒的是风险。这就像讳疾忌医，如果你回避这种小风险的提醒，大的风险就不远了。

我们不应惧怕风险的提醒，应当惧怕的是风险的累积。

认罪认罚无禁区

认罪认罚无禁区

认罪认罚到底有没有禁区？是不是所有案件都能够适用？

这成为认罪认罚普遍推开过程中困扰很多司法人员的问题。

而这个问题本身又包含了更深层次的问题。

事实上，在试点阶段，试点办法确实对于限制刑事责任能力人，以及未成年犯罪嫌疑人的法定代理人、辩护人有异议等几种个别情况作为认罪认罚的限制性规定，但是在纳入刑事诉讼法之后，这些限制都得以解除，转变为免除具结书签订的事由。

刑事诉讼法没有在任何条款中对认罪认罚的范围予以限定，可以说认罪认罚是没有禁区的。

一

但要问的是，为什么还有很多人认为认罪认罚可能有禁区？究其根源是我们对法治的理解存在禁区。

法治是文明社会的产物，平等适用于每一个人。

不能因为罪大恶极就可以不接受审判吧？不能因为社会危害性大就不能得到辩护吧？

这些是基本的权利，我们现在都理解了，但曾几何时我们也不十分理解。

很多重大敏感案件的辩护人也曾背负过"为坏人说话"的骂名。

坦白、立功、自首这些法定情节，也不会因为犯罪类型和严重程度而选择性适用吧？

只是在应当从轻、减轻的时候有所限制，在可以从轻的时候，可以声明不足以从轻，但提还是要提的，提和不提是完全不一样的。

提的意思是你认可这个情节，至于从不从轻那是另外一个问题。

目前，很多人以为认罪认罚的禁区，一个是复杂敏感案件，一个是重罪案件。

比如目前在我们正在开展的扫黑除恶专项斗争过程中，部分司法人员就认为这类案件可能不太适合适用认罪认罚，虽然两高两部在《关于办理恶势力刑事案件若干问题的意见》中再次重申了可以适用。但还是有一些人存在思想顾虑，担心适用认罪认罚的规定是不是在态度上就显得不坚决。

这首先是对宽严相济刑事政策的误解。

宽严相济，首先要辩证理解"宽"和"严"。宽严相济之"宽"

的基本策略与目的是通过司法上的非犯罪化与非刑罚化以及法律上各种从宽处理措施，防止犯罪者再犯及促成其再社会化。

但是"宽"并不是绝对的，对这些犯罪案件中主观恶性较深、客观行为较为恶劣的犯罪人，虽然也认罪认罚，但在"宽"的大原则下也要体现量刑幅度减让上的"严"，以及在刑罚执行方式上的"严"，做到宽中有严。

同样，对于暴力犯罪、有组织犯罪、恐怖主义犯罪等严重危及社会安全与秩序的犯罪，"严"也不是绝对的。对那些主观恶性较小、客观行为较轻微的从犯、胁从犯，以及具有自首立功等情节的犯罪嫌疑人则应该适用"宽"的刑事政策，即以"严"为原则、"宽"为例外，严中有宽。

在宽严相济刑事政策中，该宽则宽、该严则严，对于"宽"与"严"加以区分，这是基本前提。因此，宽严相济是以区别对待或者差别处遇为根本内容的。区别对待是任何政策的基础，没有区别就没有政策。

一概从严，实际上是不讲策略、不讲政策，只表决心，不敢担当。只是怕自己担责任，而没有考虑事情是否真正做好。事实上，只有区别对待，才能真正体现分化瓦解，才能更好地实现教育转化，才能收到事半功倍的效果。

宽严的区别本身不是目的，区别的目的在于对严重性程度不同的犯罪予以严厉性程度不等的刑罚处罚，由此使刑罚产生预防犯罪的作用。

宽严相济还要讲究"济",也就是救济、协调与结合。

宽严相济刑事政策不仅是指对于犯罪应当有宽有严,而且在宽与严之间还应当具有一定的平衡,互相衔接,形成良性互动,以避免宽严皆误结果的发生。

宽和严虽然是有区别的,并且在不同时期、对不同犯罪和不同犯罪人,应当分别采取宽严不同的刑罚——该宽则宽,该严则严,但这并不意味着宽而无严或者严而无宽。

实际上,既无绝对的宽又无绝对的严,应当宽严并用。例如,某些犯罪分子,所犯罪行虽然极其严重,应当受到刑罚的严厉制裁,但如果坦白、自首或者立功的,在从重处罚的同时还要做到严中有宽,使犯罪人在受到严厉惩处的同时感受到刑罚的体恤与法律的公正,从而认罪服法。

只讲"宽",难以有效遏制犯罪,社会秩序无法得到保障;只讲"严",严刑峻法,就会导致重刑主义,并不能遏制犯罪。在宽严相济刑事政策中,既不能宽大无边或严厉过苛,也不能时宽时严、宽严失当。要轻中有重,轻重兼济。

认罪认罚从宽制度就是使宽严相济原则制度化和稳定化。

二

还有重罪案件,极端的就是命案。不少司法人员认为,对这些人适用认罪认罚是便宜他们了,就应该枪毙。当然,在我们国家依然存在死刑制度的情况下，对于一些罪大恶极的罪犯适用极刑也符合公众的价值观。

但是对于那些虽然罪行极其严重，但是坦白交待，充满悔恨的被告人，与死不悔改、毫无悔意的被告人相比，是不是应该有所区别？

我们现在的政策是少杀慎杀，对于那些认罪，又能够坦然面对刑罚的被告人是不是应该优先考虑？

即使其罪行不足以免除死刑，我们又有什么理由阻止他们真诚地面对罪行、作出忏悔，向被害人的家属致以真诚的歉意？

对于那些存在一定思想顾虑的犯罪嫌疑人、被告人，在认罪认罚的背景下，我们也应该对其进行充分的教育转化，帮助其打消思想顾虑，走上悔改和救赎之路。

我有一个上诉人，抢劫两次，均致人死亡，等于有两条人命在身。因为第二次抢劫被抓的，在审理过程中又主动交待了第一起事实。到我这已经是第二次二审了，我说你的情况可能免不了一死了，但是你自己争取了一个好的态度可能还有一线希望。不过我也很坦率地告诉他，希望不大。在提讯中我了解到一点，他走上犯罪道路的直接原因是微信群赌博，短短一个月的时间就输掉了几十万元，我说这是一个害人的源头，死刑可能没有办法避免了，但我帮你把害人源头打掉，你愿不愿意配合？他说愿意。最后提讯三分之二的时间就是在核实微信群赌博的方法、人员情况和组织方式。

最后我们也确实将犯罪线索和追诉函转给相关单位。我在法庭上也将线索移转情况进行了说明，并结合上诉人的罪行和态度发表了意见。我说这个案子检察员反复权衡、颇费思量，一方面上诉人始终认罪，这一点法庭也看到了，检察官是认可的，而且还主动坦白了一起抢劫事实，如果不是他说出来，那个案子不知何时才能真相大白。他又能够配合司法机关展开对微信赌博犯罪的调查，虽然目前还没有结果但是态度很积极。但另一方面，两条人命在身，虽然自己主动说出来一起，但也不能改变这个事实，在我们这个依然还存在死刑制度的国家，考虑到公众的接受程度，可能对这种情况还是难以避免被判处极刑。综合权衡，还是建议维持原判。但是检察员想说，虽然改变不了死刑的结果，但是你的认罪态度不是没有意义的：对被害人的家属是一个极大的抚慰，对你的家人、你的子女而言，在你犯了最大错误之后，能够给他们树立一个坦然面对的榜样，即使被判处了死刑，也可以走得更加心安一些。你并不是一个天生的坏人，你也在帮助司法机关摧毁犯罪源头。这些看似虚无，但是其价值是实实在在的。

在最后陈述的时候，上诉人说希望法庭能给我一个机会，我一定好好重新做人。但是如果依然判我死刑，我也认，我愿意将遗体捐献给国家。

我们能说认罪认罚对重罪没有价值吗？

认罪认罚从宽的意思，不是必然从宽，而是可能从宽，虽然罪大恶极，但是认罪之后愿意接受死刑立即执行的判决，为什么不可以？

也就是你认为他认罪认罚，但是还是需要判处一个比较重的刑罚，只要犯罪嫌疑人、被告人也能够认可这个刑罚，我们又有什么理由不能接受？

虽然结果与不认罪一样，但是真的一样吗？

首先，判决应该认可，至少承认了他的配合态度，这是一种精神上的肯定。

其次，认罪认罚在程序上应该加快、从简，使被告人得到相对快速的司法处理，也就是来个痛快，这也是实实在在的。

再次，认罪认罚减少了犯罪嫌疑人、被告人与司法机关的对抗，在整个处理过程中，各方相对平和，遭受的心理冲击更小。

最后，认罪认罚更加容易弥合被害人及其家属，甚至被告人自己的家属，以及社会公众由于诉讼带来的伤痛，这些宽恕、谅解对被告人自身也是一种精神解脱。

这些精神上的价值我们很容易忽略，我们有时候比犯罪嫌疑人、被告人还要功利地考量认罪认罚的价值。

这是把事情说极端了，其实对于绝大部分重罪案件、复杂敏感案件的犯罪嫌疑人、被告人，由于其自愿认罪认罚从而产生的修复性司法效果、对司法资源的节约，更由于其对分化瓦解共同犯罪的作用，他都应该得到相对轻缓的刑罚。

对其他犯罪嫌疑人、被告人可以的，对于这些人为什么不可以？这是法律面前人人平等的基本原则。

而对于司法人员而言，其实是法治原则的树立问题，认罪认罚是否有禁区是法治精神的试金石。

法治没有禁区，认罪认罚也就没有禁区。

认罪认罚的"罪"

认罪认罚的"罪"到底指的是什么？

《刑事诉讼法》第 15 条规定：犯罪嫌疑人、被告人自愿如实供述自己的罪行，承认指控的犯罪事实，愿意接受处罚的，可以依法从宽处理。

也就是说这个罪是"罪行"和"指控的犯罪事实"。在司法实践中掌握的就是主要的犯罪事实。

一

那什么事实是主要犯罪事实？

对此，具体来说笔者认为要把握两个方面：

一是指控的事实，比如一个伤害案件，致伤原因没有查清，起诉书也没有认定，被害人称是凶器所伤，被告人称没有使用凶器，这时就不能说被告人不认罪，因为起诉书都没有指控。

又比如伪证案，被告人对起诉书没有提到的嫖娼事实进行辩解，也不能认为是不认罪。

二是涉及犯罪构成的事实。这又包括了单一的犯罪构成和修正的犯罪构成。

比如盗窃罪，需要非法占有，而如果被告人辩称"钱是被害人给我的"，就从根本上否定了非法占有的主观故意，因此无法认定为认罪。

再比如轮奸案件，被告人不承认自己实施了实行行为，只承认自己实施了帮助行为，从而否定轮奸这一加重的构成要件，也无法认定为认罪。

但对于量刑情节，比如自首、立功等事实，不应当纳入主要犯罪事实当中。

另外，司法实践一般认为只要概括认罪即可，不需要被告人准确判断具体的犯罪性质。比如一个行为是贪污还是受贿，只要被告人承认是自己所为，并承认是犯罪行为即可，即使被告人对定性存在一定的辩解，一般也作为认罪处理。

因此，认罪应当以事实为主，以定性为辅，应当是一种实质性的判断。有些被告人为了得到从宽处罚，在审查之初会表示对指控的事实和罪名均无异议，但随着诉讼的进行就会做出推翻指控事实的辩解，对于这种情况怎么看，是认罪标准的核心问题。

现在司法实践中存在一定的认罪扩大化的倾向，忽视了对认罪真诚性的判断，认罪认罚必须真正自愿地做出，才能表明被告人降低了人身危险性，增强了改造可能性，据此才有可能从宽处罚，否则就背离了制度的初衷。

比如"为了我妈我就认罪"，"法院判我，我就认"，这种意思表示是否属于真诚、自愿的认罪，就需要好好斟酌，判断被告人是否属于认罪应当结合其在诉讼过程中的全部表现，而不能以一个环节、一句话来判断。比如有些犯罪嫌疑人对检察官的讯问表示不理解，闹情绪，故意说一些气话，在大部分时间里还是如实供述主要事实的，那么仍然应当按照认罪处理。

再比如对于一些时供时翻的犯罪嫌疑人、被告人，还是要以其最后的供述为主并结合其他当庭供述予以综合考虑，当然绝不能将"对刑罚惩罚无所谓"，"将刑事诉讼不当回事"的态度也都收罗在认罪当中。

二

指控的犯罪事实是不是就是指起诉书中列明的事实？

事实上，签订具结书都是在提起公诉之前，当时还没有起诉书，自然也就没有起诉书列明的事实。因此，刑事诉讼法中所称"指控的犯罪事实"不可能限定为起诉书认定的犯罪事实。

那个事实到底是什么？

是起诉意见书中认定的犯罪事实吗？如果与检察机关最终

认定的事实不一致的，那应该认哪个事实才算数呢？

笔者认为，应该以检察机关认定的为准，即使不是起诉书认定的事实，也是起诉书中认定事实的雏形，文字上可以有出入，但是不应该有实质的变化。

检察官在案件证据审查清楚的情况下才能开展认罪认罚，也就是认为本案事实清楚、证据确实充分的时候，才能签订具结书。

如果事实还没有搞清楚，能否定案还不确定，当然不应该急于适用认罪认罚程序。

也就是在这个时候，检察官对案件的事实应该有一个明晰的判断了，虽然起诉书还没有定稿，但是基本的案件事实应该有了。

这个事实，就是犯罪嫌疑人需要承认的事实。

但具体如何体现？目前具结书的格式样本中并没有叙写案件事实之处，也就是犯罪嫌疑人所认的那个事实并没有地方可写，只是笼统地承认指控的事实。但是当时还没有起诉书，没有一个书面认定的事实作为依凭，就很可能引发争议，也就是对认罪认罚案件中应该认的事实到底是什么引发了争议。

这个争议的来源就在于具结书中没有列明案件事实，空口无凭。因此，从长远看应该完善具结书的文本，设置指控事实内容的条款，将事实予以明确。

目前的补救性措施，可以在提讯笔录中将案件事实予以列明，由犯罪嫌疑人予以确认。

但是其实根据刑事诉讼法的要求，审查逮捕阶段也要将认罪认罚情况作为社会危险性的考量内容。这个时候，认罪认罚也有一个判断问题。

虽然还无法签订具结书，还不到确定具体量刑建议的时候，但是对于"罪"的内容应该予以明确。虽然还没有到将要提出指控的阶段，但也是指控形成的一个过程，因此可以将此阶段检察机关认定的事实作为此时开展认罪认罚的基础事实。

具体流程可以参考审查起诉阶段的操作方式，也可以在审查逮捕的提讯笔录中予以列明，由犯罪嫌疑人予以确认，从而予以固定。

但这是审查逮捕阶段认定的事实，侦查还没有终结，证据还在收集，案情还可能发生变化。

也就是认罪认罚的"罪行"或者"指控的犯罪事实"，可能会随着诉讼阶段的推进发生变化，因此认罪认罚的"罪"其实不是一个静止化的状态，而应该是一个以起诉书为导向的动态过程。认罪认罚的"罪"最终以起诉书为准，但在此之前认罪认罚只要符合当时的语境和客观条件即可。

三

"罪"说完了，还有一个如何"认"的问题。

也就是认罪一定要有真实性，也就是自愿性原则的问题，同时还有一个真诚性的问题，也就是要有一个"悔"字。

也就是说悔罪是认罪的隐含之义。

悔罪程度是对认罪真诚性的检验，认罪不是面上承认，不是认了罪，但不后悔、无所谓，甚至下次还这样，而是应该有发自内心的悔意。

具体判断，就是司法实践中的悔罪表现。参考美国学者吉尔对道歉的构成做过的分析，悔罪的内容应该包括：（1）承认犯罪行为已经发生；（2）承认自己的行为构成了犯罪；（3）承认自己对犯罪行为负有法律责任；（4）表示悔过和悔恨；（5）保证将来不再犯罪。

实践中一般表现为：配合司法机关调查、退赃、赔偿、赔礼道歉、与被害人达成谅解，等等。

如何理解配合司法机关调查以及被告人应当配合的程度，这同样也涉及与认罪环节的联系。理想的配合，当然是全部的、彻底的配合，甚至都应当包括自首和立功，有赃退赃，积极赔偿，帮助司法机关收集一切不利于自己的证据，坦白自己的罪行。

但是根据司法实践，理想的配合很少出现，因为根据趋利避害的心理，犯罪嫌疑人一般都会想方设法躲避追究，即使被追究也都有一定的避罪心理，这也属于正常现象。这也是设计认罪认罚制度必须要面对的人性现实，认罪认罚制度目的是鼓励犯罪人认罪服法，降低其人身危险，尽快完成人格的重塑。

因此，对于配合的理解，不能过于严苛，不能要求犯罪嫌疑人、被告人事事配合，且态度必须积极主动，否则就否认其认罪态度的真实性。

比如，犯罪嫌疑人、被告人没有如实供述赃款去向的问题，不如实供述原因可能很多，可能涉及新的犯罪，害怕被追究刑事责任，也可能涉及隐私，害怕破坏家庭团结，或危及亲友利益，等等。但犯罪嫌疑人、被告人毕竟表示自己的家属可以代为赔偿，且确实已经履行。

这种态度，不能说是一种理想的配合，但是也可以说是一种折中的配合，有保留的配合，反正被害人的损失得到补偿了，但过多的也不想说。

这种折中的配合可以综合全案被认定为具有一定的悔罪表现，虽然谈不上彻底，但完全否定也不利于与那些完全不赔偿的人相区分，也无法充分保护被害人的权利。

另外，有人认为赔偿不是由本人亲自做出，因此无法反映本人的悔罪态度。但是客观现实是犯罪嫌疑人当时在押，无法执行自己的赔偿工作，由家人代为履行是一种自然的现象，至于赔偿的资金是犯罪嫌疑人自有的资金还是家人筹措的资金，现实中难以分辨，是否有必要加以区分值得研究。

事实上，先有犯罪嫌疑人意思表示，后由犯罪嫌疑人家属代为履行，从中已经可以反映出犯罪嫌疑人的主观意思对于实际赔偿的积极作用，从而在一定程度上反映了犯罪嫌疑人的悔罪心理，由此认定属于悔罪表现，并无不当。

但是如果表面表示认罪，有悔罪表现，但在取保候审期间却采取向相关证人发出威胁短信等行为，就表明犯罪嫌疑人不但没有积极地配合司法机关，而且已经开始突破法律的底线，破坏刑事诉讼的进程，妨害了司法公正，这一行为就背离了"具有悔罪表现"的实质，甚至影响了认罪真实性的认定以及从宽处理的处断。即如果认罪，但没有配合司法机关的行动，也可以勉强地认定为悔罪表现，但是如果实施了破坏司法公正的行为，无论如何都不可能被认定为悔罪，根据情节也会影响认罪的认定，这是一个刚性的原则。

认罪认罚应该坚持严格的实质判断原则，避免把认罪当做免费派送的司法赠品，从而贬低了认罪认罚制度的正义价值。

认罪认罚的"罚"

认罪认罚的"罚"是不是仅限于具体的刑罚？

引申一步就是认罪认罚能否适用不批捕、不起诉？这个时候的"罚"到底指的是什么？

一

修改后的刑事诉讼法明确规定，批准或者决定逮捕，应当将犯罪嫌疑人、被告人涉嫌犯罪的性质、情节，认罪认罚等情况，作为是否可能发生社会危险性的考虑因素。

但是此时侦查还没有终结，更谈不上量刑建议的提出，没有具体的刑罚，那他认的是什么"罚"？

但是既然刑事诉讼法有明确规定，也就是说审查逮捕阶段也有一个认罪认罚的问题。

从这个意义上来看，认罪认罚的"罚"并不是具体刑罚裁量或建议，而应该是一种概括性的、方向性的态度。根据《刑事诉讼法》第15条的规定就是"愿意接受处罚"。从而使犯罪嫌疑人的社会危险性相比于一般的认罪得以进一步地降低，从而可以获得更加宽缓的处理。

这个宽缓的处理既是实体意义上的，也是程序意义上的：不批捕既是一种程序从宽，也为实体从宽作了准备。

但是这个笼统的"愿意接受处罚"是不是指愿意接受任何处罚呢？

其实也不是，比如逮捕的时候是个轻罪，逮捕的时候认罪认罚，这个"罚"的隐含之意指的其实是那个轻罪的刑罚幅度，也就是以这个轻罪起诉量刑所可能获得的刑罚，而不是任何罪的所有刑罚幅度。但是侦查终结之后，随着证据进一步的收集，情况可能发生变化，到起诉的时候就有可能是一个重罪。而原来对轻罪认罪认罚的人，未必会对重罪也认罪认罚。

同样从捕到诉还有可能发生从一罪到数罪，从一个事实到多个事实的变化。

也就是认罪认罚的"罪"的内容，可能会随着诉讼流程的推进发生一定的变化。

而认罪认罚的"罚"其实是以"罪"为前提的，是在"罪"框定之下的"罚"。但是"罪"的范围在指控之前会发生一定的变化，在这个动态的过程中，所认之"罚"与所认之"罪"处于一种相对静止的状态，所认之"罚"是相对稳定的，是对当下之"罪"刑责的确认和接受态度。

具体来说，只要在审查逮捕阶段，犯罪嫌疑人对检察机关在当时认定的事实是承认的，对该罪行所可能带来的刑罚是接受的，就是认罪认罚。

不能以后续证据事实的演进变化，以及犯罪嫌疑人对此的新态度，来否定当时认罪认罚的适用。

但是可以立足新的情况开展新的认罪认罚工作，并以当时掌握的事实情节，重新判断是否采取强制措施，以及指控的内容。

这体现了认罪认罚在刑事诉讼程序中贯穿始终和情势变更的两条原则。

认罪认罚制度实际上是宽严相济原则的制度化，它其实不是仅仅适用于起诉和审判阶段，而是贯穿于整个刑事诉讼程序全过程。

刑事诉讼法明确规定，侦查人员在讯问犯罪嫌疑人的时候，应当告知犯罪嫌疑人享有的诉讼权利，如实供述自己罪行可以从宽处理和认罪认罚的法律规定。犯罪嫌疑人自愿认罪的，应当记录在案，随案移送，并在起诉意见书中写明有关情况。

在审查逮捕的时候也要作为考量因素。

但是显然不同阶段对事实认知存在很大差异，尤其是在侦查终结前后，证据事实存在变化是司法的自然规律，认罪认罚的判断也应当根据情势不同而有所变化。

也就是说依据当下的情形，在发展变化的诉讼进程中把握认罪认罚的节奏。

情势变更还是一个要件完整性不断齐备的过程。

我们知道认罪认罚案件一般应该具备具结书，法定特殊情形除外。也就是没有具结书的，一般不应该称为认罪认罚。

但是在审查逮捕阶段，还远没有到提起公诉的地步，当然无法确定指控事实，也就无法出具具结书。但这个阶段也要考虑的认罪认罚算啥？

这其实是认罪认罚要件齐备的问题。

审查逮捕阶段的认罪认罚，没有具结书，只是一个初步的态度，可以看作是最终认罪认罚的预备阶段。是一种要件还不齐备的认罪认罚，接受逮捕认定的事实，是未来接受指控事实的预演，而且从诉讼规律上看，两个阶段都认罪具有高度的概然性。

虽然没有具结书，但也要记入笔录予以确认，也就是认罪认罚的要件有一个逐步齐备的过程。

二

如果说审查逮捕阶段的认"罚"是基于当时认定事实的法定刑，那么将要作出不起诉的案件，这个"罚"又是什么？

如果还是法定刑，又由于最终不起诉，而无法带来任何宣告刑结果，也就是这个"罚"其实没有任何"刑"的内涵。

那么这个认罪认罚的"罚"又是什么？难道是不起诉这个处理结果吗？

如果是不起诉处理结果，就意味着只有做出不起诉才认，一旦起诉就不认。

实践中，确实有人在具结书中的认罪认罚内容部分，人民检察院提出量刑建议的空格上，直接写上相对不起诉。笔者认为，这种方法可能不合适。

当然这里边有一个模板不断完善的问题，可以考虑增加一个条款，就是情节轻微的，检察机关可以考虑做不起诉处理。

但是不起诉肯定不是认罪认罚的"罚"，更不应该当作唯一的处理结果写入具结书之中。因为，这样检察机关将完全没有回旋余地，一旦最终还是要起诉，虽然刑罚也比较轻缓，被告人也会不满意，因为不起诉已经成为他唯一的心理预期。

其次，认罪认罚制度的本质，是自愿地接受刑罚处罚，而不是对处罚和不处罚可以有所选择，或者只能接受不处罚。因为犯罪嫌疑人毕竟犯下罪行，这样一味要求不处罚，或者对接受处罚存在排斥心理的人，说明其认罪的态度具有很强的功利性，不是真诚的认罪悔罪，虽然表面认罪，但内心没有悔意。认罪成为其逃避处的一个工具，或者与检察机关谈判的筹码，对于这样的犯罪嫌疑人在认罪认罚的适用上和从宽幅度上都要非常慎重。

认罪认罚之后不是不能不起诉，但是检察机关不应该将不起诉作为换取认罪的筹码来使用，这样换来的认罪是廉价而不可靠的，犯罪嫌疑人也无法充分体会到法律的严肃性。

在认罪认罚中对不起诉的态度应该是可以考虑，但不承诺，可以使用，但不保证。

在不起诉具体的适用中应该选择那些情节同样轻微，但是认罪悔罪态度特别真诚的加以适用，对于那些带有投机心理的犯罪嫌疑人，让其接受审判可能是更好的选择。

"罚"的本质是一种不可逃避的责任。虽然在诉讼进程中会发生法定刑、宣告刑等范围的改变，但责任这个本质内容是没有变化的。不起诉不是"罚"，而是不用承担"罚"的意思，两者泾渭分明。不起诉是对自愿承认"罪"、坦然接受"罚"的鼓励，是对真诚的鼓励，是因为彻底的真诚和忏悔，而使检察官确信无须再承受刑罚也能够改过自新。这个不起诉的前提一定是认"罚"，一定是提起公诉，处以刑罚也心甘情愿，是任凭处罚，才有的无须处罚。而不是斤斤计较、讨价还价换来的结果。

认罪认罚制度的本质是在鼓励真诚、激发良善，是在呼唤人性之善，而不是奖励人性之恶。

认罪认罚之桥，唯有善意才能通过。

认罪认罚与"两个基本"

有观点认为在采用速裁程序审理的认罪认罚案件中可以采用"两个基本的标准",该观点认为"该部分案件大多数属于危害后果不大,情节轻微,且被告人认罪的案件,对该部分案件产生错判的可能性较小,或者说错判结果相对而言不严重。对该部分案件适用较证据确实、充分的证明标准较低的'两个基本'的标准,做相应的降格处理可以在保证案件公正前提下提高诉讼效率"。(见《认罪认罚从宽制度研究》,第320页)说"对该部分案件产生错判的可能性较小,或者说错判结果相对而言不严重"。其实这是一个非常严重的问题,有必要加以认真研究。

目前,速裁案件已经扩展到可能适用三年以下刑罚的案件,成为认罪认罚的主体,有些省份认罪认罚的适用率已经达到60%,速裁案件实际上已经占到全部案件的50%以上,通过进一步推进,占比可能还会更高,2018年被提起公诉的被告人就已经达到 160 万人，半数案件也涉及 80 万人，涉及这么多当事人的基本权利和公正问题，兹事体大。而"两个基本"涉及中国刑事政策的过往，有时代烙印，也曾发挥过积极作用，也不能轻易下结论。但是两者放在一起，确实影响到法治发展的方向，不能不引起重视。

"两个基本"最早是彭真同志于 1981 年 5 月在五大城市治安座谈会上提出来的，他当时指出："现在有的案件因为证据不很完全，就判不下去。其实，一个案件，只要有确实的基本的证据，基本的情节清楚，就可以判，一个案件几桩罪行，只要主要罪行证据确凿就可以判，要求把每个犯人犯罪的全部细节都搞清楚，每个证据都拿到手，这是极难做到的，一些细枝末节对判刑也没有用处。""基本事实清楚，基本证据确实充分"是对彭真同志讲话精神的概括，简称"两个基本"。在此后的三十多年中"两个基本"一直是政法机关的一项工作要求，尤其是在打击犯罪方面发挥了重要作用。反对"两个基本"的理由主要是认为"两个基本"人为降低了证明标准，从而导致了冤假错案的不断发生。事实上，"两个基本"在早期确实发挥过正面作用，问题主要是对"两个基本"的误读，将"基本事实清楚，基本证据确实充分"错误地理解成"事实基本清楚，证据基本确实充分"从而降低了证明标准，进而放松了对证明标准的要求。

以上做法是对"两个基本"的误读，根本原因在于它未能以发展的、辩证的眼光来看待证明标准。"两个基本"是一段时期的司法工作要求，它的发展方向是以审判为中心的实质化标准，司法工作的要求不可能是一成不变的，它的基本内涵深深地植根于同一时期的刑事诉讼制度，什么是"基本"，什么是"细枝末节"必须结合当时实行的刑事证据制度和诉讼制度来理解，既不能超越也不能滞后于当时的刑事诉讼制度。《刑事诉讼法》自 1979 年制定以来，经历了两次大规模的修订，"证据"一章的法律条文从 1979 年的 7 个，到 1996 年的 8 个，到 2012 年的 15 个，2010 年又出台了"两个证据规定"，这是一个不断发展完善的过程，尤其近年来呈现加速发展之势。这三十多年间，整个刑事诉讼制度都有了一个翻天覆地的变化，更不要说刑事证据制度。以今天的眼光来衡量三十年前的案件，有些是达不到起诉、定罪的标准的，反过来以今天的证明标准来办理当年的刑事案件似乎也过于纠缠"细枝末节"，甚至超越了当时的侦查水平。刑事证据制度的不断进步也在不断丰富着证明标准的内涵，因此我们必须以发展的眼光，以更高的标准来坚持司法公正，这样才符合刑事政策不断丰富的科学内涵。如果将"两个基本"作为拒绝提高侦查能力的挡箭牌，或者套上"认罪认罚"和"速裁程序"新瓶，仍然坚持"老一套"，这样不但对防止冤假错案无益，也与民众对公平正义的期待背道而驰，最终必然损害司法机关的整体公信力，同时也会加深公众对刑事政策的误解。谁说小案子就没有错案？速裁案件中

"顶包"的情况已经出现，只是纠错的成本和收益不成正比，问题没有完全暴露出来。但是速裁案件数量如此之大，一旦问题蔓延，必然损害认罪认罚从宽制度和司法机关的整体公信力，应该引发警惕，防微杜渐，不能首先放松对自己的要求，以为"有错"也问题不大。

正确理解"两个基本"还要结合司法机关角色和职能的调整变化。"两个基本"提出的时候，整个司法机关的职能主要是打击犯罪，人权保障的意识还不强，法院具有较强的职权主义色彩，带有一定的追诉功能，当时的刑事诉讼法规定法院要对公诉案件进行庭前实质审查，达到"事实清楚，证据确实充分"的程度才能开庭审理，达不到这一程度的，要"退回检察机关补充侦查"。那个时候，如果法院纠缠"细枝末节"，就不是定罪的问题，而是诉讼都无法进行下去。彭真同志是在这种刑事诉讼制度的背景下提出的"两个基本"。1996年《刑事诉讼法》第一次修订的时候，职权主义模式就开始向当事人主义模式转变，人权保障的意识有所提高，主要表现在废除庭前实质审查，避免法官先定后审，限制法庭职权调查权限，法官从先发问到后发问，法庭调查以控辩双方为主，废止法官出示证据的权利，进一步增强法庭的中立性；调整合议庭与审委会的关系，进一步增强法庭的独立性；律师介入时间提前，辩护权内容增加，无罪推定原则出现，增加了法庭的对抗性，公诉人庭审压力加大，当事人主义的庭审结构初步建立，公检法之间相互制约的关系得到一定加强，只是配套制度和细节设计还不完善，比如刑诉法虽然规定了严禁刑讯逼供，但还没有建立非法证据排除程序。在诉讼程序和证据制度不断完善的大背景下，有些司法机关的理念却没有及时转变过来，对"两个基本"的理解仍然停留在八十年代的水平，不能与已经提高了的证据标准和公民法治意识相适应，致使冤假错案一再发生。冤假错案的不断出现，也迫使司法机关不断进行反思，2010年"两个证据规定"出台，证据制度开始有了章法。2012年《刑事诉讼法》第二次大规模修改，修改后的刑诉法规定，简易程序案件全部出庭，检察机关二审案件开庭范围扩大、审限缩减；非法证据排除程序、证人出庭程序和配套措施更加完善，证据种类增加、证明标准更加明确，证据裁判原则确立；辩护人的阅卷权、会见权、取证权都得到了很大的扩张，提出异议和表达诉求的渠道增加，并增加了不少独立性的权利，嫌疑人、被告人的权利保障措施进一步增加，平等武装原则得到加强；人权保障原则首次写入刑事诉讼法，刑事诉讼的重心不断向审判倾斜，当事人主义的倾向得到进一步加强。刑事诉讼制度又上了一个新的台阶，人权保障意识空前提高。但是我们必须面对的问题是，在保障人权的同时，打击犯罪不可偏废，在推进证据制度等司法改革的同时，也应当注意与社会的可接受程度相适应。我们要充分发挥打击犯罪和保障人权平衡器作用，关键在于如何正确地坚持认罪认罚与以审判为中心的有机统一，认罪认罚中效率和公正的有机统一，是为"两个统一"。

一是坚持"两个统一"就是要坚持不断提高的证据标准。我们只有将"两个统一"放到刑诉法的法定标准上来，只有与人民群众已经不断提高的人权保障意识相符合，才符合刑事政策不断丰富发展的内涵，才能使刑事政策被真正接受和认可，才能在提高办案效率的前提下，又真正避免冤假错案的不断发生。对此，检察机关可以在工作文书上实现繁简分流，但要加大对证据的审查力度，做到审查实质化：（1）对犯罪嫌疑人的供述和证人证言、被害人陈述，要结合全案的其他证据，综合审查其内容的客观真实性，同时审查侦查机关是否将每一次讯问、询问笔录全部移送。对犯罪嫌疑人的供述和辩解，应当结合其全部供述和辩解及其他证据进行审查。犯罪嫌疑人的有罪供述，无其他证据相互印证，不能作为提起公诉的根据。（2）审查证人证言、被害人陈述，应当注意对询问程序、方式、内容以及询问笔录形式的审查，发现不符合规定的，应当要求侦查机关补正或者说明。（3）对物证、书证以及勘验、检查笔录、搜查笔录、视听资料、电子证据等，既要审查其是否客观、真实反映案件事实，也要加强对证据的收集、制作程序和证据形式的审查。（4）对侦查机关的补正、说明，以及重新收集、制作的情况，应当认真审查，必要时可以进行复核。（5）审查鉴定意见，要着重审查检材的来源、提取、保管、送检是否符合法律及有关规定，鉴定机构或者鉴定人员是否具备法定资格和鉴定条件，鉴定意见的形式要件是否完备，鉴定程序是否合法，鉴定结论是否科学合理。对于不能达到法定证明标准的案件绝不迁就，不勉强起诉。尤其是对于死刑案件一定要坚持最高的证明标准。提高证明标准还要注重从源头上解决问题，充分发挥侦查监督的作用，通过审查引导侦查、诉讼监督和非法证据调查程序等措施不断提高侦查能力。

二是坚持"两个统一"也要避免超出现实侦查能力和水平的过度审查和纠缠。坚持"两个统一"，坚持的是法定证明标准，不能在法定证明标准之上人为拔高，盲目追求西方诉讼模式，对证据作过高要求，凡是证据就要鉴定，凡是证据就要补查。如果补查标准超出目前的侦查能力和技术水平，也是一种脱离实际和诉讼资源的浪费。有些案件虽然没有直接证据，但间接证据已经查证属实；证据之间相互印证，不存在无法排除的矛盾和无法解释的疑问；全案证据已经形成完整的证明体系；根据证据认定案件事实足以排除合理怀疑，结论具有唯一性；运用证据进行的推理符合逻辑和经验，间接证据也可以定案。比如对于根据犯罪嫌疑人的供述、指认，提取到隐蔽性很强的物证、书证的，且能够与其他证明犯罪事实发生的证据相互印证，且侦查机关在犯罪嫌疑人供述、指认之前是不掌握该证据的，综合全案证据，这种情况基本上就可以认定，没有必要纠缠细枝末节。其他证据能够相互印证，纵然被告人在庭上翻供，其无罪辩解理由也不能成立。排除合理怀疑，不是排除一切怀疑，不能随便怀疑、无端怀疑，但同时也不能对合理的怀疑置之不理，要注意掌握其中的尺度。

三是坚持"两个统一"既要注意保证证据的合法性，也要避免非法证据与瑕疵证据的混淆和过度降低非法证据的认定标准。"两个证据规定"和修改后刑事诉讼法都对证据合法性问题提出了更高的要求，并制定了非法证据的排除程序，对检察机关提出了合法性证明的具体要求，检察机关也有了启动非法证据调查程序的权利。显然，对证据合法性的强调也符合人权保障的总体趋势。因此，我们在坚持"两个统一"时，应当注意的是我们是站在更高的人权保障标准上和更高的证据合法性标准上的。作为检察机关我们应该更加审慎地进行证据审查，对非法证据应当做到早发现、早排除，对于严重违法行为应该及时启动非法证据调查程序，并开展法律监督。但是我们也要注意到，"非法证据"和"瑕疵证据"与侦查能力和水平仍然有着千丝万缕的联系，而提高侦查能力和水平不可能一蹴而就。刑事诉讼法对于非法证据范围的确定也考虑了现实的情况，比如对非法口供的排除主要集中在刑讯逼供，即使用暴力的情况下，对于"诱导性"的讯问就不是一概排除，而且还要注意与侦查技巧相区分，更没有吸收西方国家普遍采用的"毒树之果"理论，即通过非法口供所获取的物证、书证也尚未纳入排除之列。因此，我们进行非法证据排除时，应当注意区分"非法证据"和"瑕疵证据"，在判断"非法证据"时要注意判断非法证据的范围。将"非法证据"作扩大化的解释，固然可以保护嫌疑人、被告人的人权，能够防止冤假错案的发生，但是过度的保护必然脱离了目前侦查能力和水平的工作实际，从而削弱了打击犯罪的力度。为了更好地处理保障人权和打击犯罪的关系，我们应当注意两者的平衡，坚持"两个统一"。坚持"两个统一"，不是回到"两个基本"，不是要姑息侦查机关的违法取证行为，容忍瑕疵取证行为，但也不是简单的传导压力，而是在传授方法。这是一种建设性的压力，是一种有方向性的引导。不是简单的捕与不捕、诉与不诉、将瑕疵证据一排了之，而是指出为什么和怎么办的过程，要通过诉讼监督、补充侦查来沟通交流，要求侦查机关及时补正，在保证必要打击力度的前提下，循序渐进地提高侦查能力和水平，通过审查整合检警关系，也为庭审实质化铺平道路。

坚持认罪认罚与以审判为中心的有机统一，认罪认罚中效率和公正的有机统一，就是在新的时代背景下坚持打击犯罪与保障人权的有机统一，是在坚持更加高效的司法公正，不是否定过去。发展是一个连续而无法割裂的链条，但面向未来一定要扬弃发展，要跳出固有的思维模式来看待新的问题、解决新的问题。

认罪认罚与程序选择

有的人问，认罪认罚建议适用了速裁程序或者简易程序，但是法庭没有采纳这个建议，应该怎么看待这个问题？

这实际上触及了认罪认罚的深层次问题，那就是效率与效果的问题。

刑事诉讼法明确规定的速裁程序，其审判程序是高度简化的，不再进行法庭调查和法庭辩论，这样当然是提高效率了，但前提一定是事实证据非常清楚。

法律同时还规定了六种不适用速裁程序的情形，总结起来主要是三个方面：一是被告人认知能力方面有一定欠缺，可能影响自行辩护权行使；二是案件有一定的分歧，尤其是共同犯罪中并不是都认罪；三是案件有重大社会影响的。

这几种情形如果省略了法庭调查程序有可能就查不清事实，就有搞错的可能，另外如果案件广受关注，但是又没有进行实质审理，就会显得草率，会影响程序正义的实现。

事实上，在程序选择的问题上，并没有如量刑建议一样，规定一般应当采纳还是由法官酌情掌握。因此在法律条文的规定上，使用的是"可以"，在符合一切条件的情况也只是"可以"适用速裁程序，只要法官心中有一丝一毫的疑惑，都不能适用，都要把程序走完。

　　这涉及对审判权的理解。审判权包含了高度程序化的自由心证，是程序正义与实体正义的结合，是效果与公正的有机体。但在这里，公正是效率的前提，程序正义是实体正义的保证，所以才会有高度仪式化的、程序化的庭审流程，必须一步一步来，正义才有可能被实现，而且实现的过程还要被看见，公众对判决才有可能信服，进而对法律才会产生信仰。

　　这些程序规则通过制约公权，赋予辩护权平等武装，才制造了近乎平等的控辩格局，并区隔控审界限，进而建立一个权利保障和公正实现的制度构架。

　　因此程序要件并不是可以任意简省的流程，并不是可有可无的仪式，它关系到权利的基本保障、实体正义能否实现以及公众的正义观感。

　　正因此，刑事诉讼法将之限定为三年以下事实清楚的轻罪，并制定了除外性的条款，最重要的是留给法官的一票否决权。

　　这些程序的取舍不应影响法官的心证，如果法官认为不进行法庭调查，虽然被告人认罪，但还是感觉不踏实，虽然有检察机关的建议，也不能适用速裁程序，对于重罪案件同样也可以不适用简易程序，法官掌管最终的程序选择权，他有权决定如何审理案件才能达到他心中的公正。

当然这个方向是正向的，就是法律允许程序尽量完整，而不是相反，即使法官内心高度确信，也不能让不认罪的人适用速裁程序，但是相反的情况是可以的，对已经认罪认罚的被告人仍然可以适用简易程序或者普通程序审理。

在这个意义上，在刑事诉讼法中公正的价值要高于效率的价值，公正是效率的前提，从长远看公正也是最有效率的。

因此，它给我们的启示也是一样的，推进认罪认罚制度也不是效率第一，而应该是公正第一，当我们认为适用速裁这个短暂的办案期限不能达到内心确信的时候，我们完全允许适用普通的认罪认罚处理程序，只是稍微慢一点，但更加有利于公正处理，并且丝毫不会影响对被告人从宽处罚。

慢一点，但是稳一点，心里更踏实。

我们要在确保公正的前提下追求效率，快是建立在慢——也可以说是审慎的基础之上的。

因此，在程序选择上，我们要充分尊重法官的选择权。对于有些虽然轻微，甚至刑期可能在一年以下，但是案件性质上比较复杂并受社会关注的案件，比如职务犯罪案件，是否一定适用简易程序，一定要更加审慎。

因此，决定快速审理的案件，除了罪行轻，还有案情简单，也就是难度系数低的特点。

有一些轻罪案件，刑期虽然低，但难度系数不低，即使被告人认罪，也不能完全降低案情本身的复杂性，这种复杂性就是需要充分审理的必要性，也是案件可能产生公正问题的风险点。

复杂的问题往往就需要复杂的方法来处理，这才符合一般性的规律。

速裁程序绝对不适合处理复杂性问题，因为它没有法庭调查，几乎就相当于没处理，那些没有展开的细节，没有充分辩论的隐藏性争点，都可能成为吞噬程序正义的黑洞，使事情越发复杂化，通过拉抽屉的方式，反而加重了案件的处理成本，还影响司法公信力。

因此，案件的复杂性也是法官进行程序选择的考虑系数。

法官对于程序选择的审慎性，应该成为检察官在审查精细化和裁量审慎性的一面镜子。

审慎性是司法官应有的品质。

在推进认罪认罚的道路上，除了效率，审慎性应该成为一个重要的价值理念引起重视。

不起诉是不是一种罚？

这个问题主要集中在相对不起诉。

具体的语境就是将不起诉当作一种"罚"写到认罪认罚的具结书当中，这是否合适？实践中确实有一些地方这样操作，并且浑然不觉。

而且目前从各种相关规定中也找不到明确的禁止性的规定。

那"不起诉"是与量刑一样的"罚"吗？

事实上这个问题涉及了一系列司法的本质问题。

一、法律问题

不起诉的本质是没有处罚，虽然只是相对不起诉，也同样是没有处罚。

因为构成"罚"的前提是有罪。

虽然相对不起诉会认定案件的事实，但这个事实未经审判，不是犯罪事实，因为根据刑事诉讼法的规定，未经人民法院依法审判，对任何人不得确定有罪，这就是所谓的无罪推定的原则。

无罪推定原则，不仅是证据问题，也是程序性问题——只有法院才能定罪，是需要经过审判这个程序才能定罪，这是程序正义的底线。也构成了控审分离、审判公开、控辩平等的基本原则，形成控辩审的基本构造。

认为"不起诉"是一种"罚"的本质是将相对不起诉当作一种定罪程序，但这显然是错误的。

当然也会有人质疑，其他起诉的案件在庭审之前犯罪嫌疑人就认罪认罚，这是不是也是一种一样的错误？这其实是忽视了这些所谓的"罚"是一种量刑建议，也就是"罚"的建议，最终还需要审判确定。但是不起诉是不会再经过审判程序的。

二、逻辑问题

再从另一个层面看，如果犯罪嫌疑人说我认罪认罚，但我只能接受不起诉这种处罚，这还叫"认罚"吗？

这实际上就是不接受任何处罚。因为处罚还是要有一定量的基础，而且还要接受法庭的审判。

只能接受不起诉既是在排除刑罚，也是在排除审判，以及经审判程序确定的有罪结论。

因此可以说这既不是认罚，甚至也不是认罪。

这实际上是我们自己给自己设定的逻辑陷阱，将明明不属于"罚"的不起诉放在了"罚"的菜单之中，导致我们在协商的过程中很容易被犯罪嫌疑人绑架。

事实上，选择不起诉的犯罪嫌疑人怀有的是一种侥幸心理，他并非心悦诚服地接受刑罚的制裁，而且他对不起诉的性质具有明确认知，他只是希望在这种协商博弈中获得对自己最有力的结论。

三、机制问题

造成这种问题的，往往是我们沟通过程中暴露的焦虑导致的，这是在过大的管理压力下导致的动作变形，是需要我们高度警惕的。

如果只能给予不起诉才能换取认罪认罚，那认罪认罚就失去了意义，它就不再是一种平等协商，而是变成了一种哀求，这必将损害司法机关的公信力。

不是说认罪认罚案件不能做相对不起诉处理，相反还应该敢用、善用不起诉权。

但不起诉权不应当被当事人绑架，不能将不起诉当作唯一的条件。

笔者认为不应该做出不起诉的书面承诺。

首先，一般的检察官承诺不了，如果报请之后无法兑现，那将没有回旋的余地。

其次，不起诉既不是一种"罚"，也不是犯罪嫌疑人那里应该认的。他需要认的是如果提起公诉，法院可能会判处的刑罚，也就是量刑建议。他接受这个量刑建议，才表明他是发自内心地接受处罚。

最后，检察机关是在综合考虑本案的实际情况，以及犯罪嫌疑人心悦诚服的态度之后，才会得出人身危险性降低，不需要判处刑罚的结论，并最终作出不起诉决定。

对于抱有不起诉才认罚、起诉了就不认罚功利心的犯罪嫌疑人，笔者认为一般也不要作出不起诉决定，最好还是应该让其接受一下庄严的审判，处以相应的刑罚，对其彻底改造可能更好一些。

因此，笔者建议在签订具结书时，一般不要将不起诉直接写入具结书之中，写明量刑建议即可，综合其表现之后再做不起诉不迟。

不起诉不是一种罚，它是一种不处罚的方式。它是一种司法善意，但只有以一种得体的方式给予那些真诚悔过之人，才会受到尊重并真正发挥作用。否则它可能会适得其反。

重罪案件的认罪认罚从宽

　　重罪案件的认罪认罚是整个认罪认罚工作的深水区，这个领域对传统的报应刑观念冲击大。一方面，复杂敏感案件的社会关注度高，对犯罪嫌疑人做思想工作的难度大，委托辩护人的比例高，沟通难度增加，量刑建议能够参考的样本少，没有法定情节又无法跨越刑档，量刑建议的空间有限；另一方面，由于案情更加复杂，法律文书和工作文书简化的空间更小，在法庭上适用的简易程序和普通程序在流程简化上与一般的认罪案件也没有太大的差别。这就是重罪案件认罪认罚适用率低的重要原因。但同时重罪案件的认罪认罚工作又有很强的示范效应，由于这些案件的社会关注度高，容易产生重罪已经适用、轻罪案件更没问题的示范效果，对认罪认罚制度本身也是一个宣传和普及。同时这些重罪的被告人背负被害人及其家属以及很多公众的恨意，如果他能真诚悔罪必然能够帮助平复这些社会关系，而且道出真实的犯罪动因，更能帮助司法机关有的放矢地开展犯罪预防工作，真正实现政治效果、法律效果和社会效果的统一。目前认罪认罚从宽制度实际适用的领域主要集中在速裁案件和轻罪简易程序案件，适用率已经超过 50% 的地区再往前走，基本上都是重罪领域。正因此，重罪案件将会成为下一步推进认罪认罚工作的重点领域，应当予以格外关注。

一、要树立认罪认罚无禁区的理念

在 2016 年 11 月最高人民法院、最高人民检察院、公安部、国家安全部、司法部《关于在部分地区开展刑事案件认罪认罚从宽制度试点工作的办法》第二条中，列明了四种不适用认罪认罚从宽制度的情形，分别是：犯罪嫌疑人、被告人是尚未完全丧失辨认或者控制自己行为能力的精神病人的；未成年犯罪嫌疑人、被告人的法定代理人、辩护人对未成年人认罪认罚有异议的；犯罪嫌疑人、被告人行为不构成犯罪的，以及其他不宜适用的情形。但在认罪认罚从宽制度正式纳入《刑事诉讼法》之后，《刑事诉讼法》第 174 条第二款将同样的情形调整为免除签署认罪认罚具结书，但不再排斥适用认罪认罚制度，"犯罪嫌疑人认罪认罚，有下列情形之一的，不需要签署认罪认罚具结书：（1）犯罪嫌疑人是盲、聋、哑人，或者是尚未完全丧失辨认或者控制自己行为能力的精神病人的；（2）未成年犯罪嫌疑人的法定代理人、辩护人对未成年人认罪认罚有异议的；

（3）其他不需要签署认罪认罚具结书的情形"。由此可见，在能够认定犯罪事实的前提下，《刑事诉讼法》没有对认罪认罚从宽适用的制度进行任何的限定，因此可以说认罪认罚无禁区。但是目前实务部门还是有很多思想顾虑，比如在危害国家安全的案件、扫黑除恶案件中等。实际上，即便对这些案件，法律也没有设置任何禁止适用认罪认罚的规定。这也体现了法律面前人人平等的基本原则。所谓的顾虑，不是对认罪认罚适用范围的顾虑，而是是否敢于坚守法治原则的顾虑。认罪认罚敢不敢突破这些所谓的禁区，是对法治精神的检验。再严重的犯罪行为，再敏感复杂的案件，再十恶不赦的犯罪嫌疑人、被告人，法律都不会阻止其真诚认罪悔罪、认可刑罚处断从而有可能获得轻缓刑事处断的权利。就好像再罪大恶极的被告人，我们都要让他接受审判，同时还要保障他的辩护权、上诉权，而不能当场击毙了事一样。这是我们人类文明的产物，不再简单以暴制暴，而是必须尊崇法治和程序，而且平等适用于所有人。认罪认罚从宽制度是宽严相济刑事政策的制度化，已经成为刑事诉讼的基本制度安排，同样也平等适用于所有的犯罪嫌疑人、被告人，这也是他们的基本权利。甚至都不能因为他们存在表达上的障碍，而剥夺这份权利，反而应该免除具结书的签署以保障这份权利。有些人认为，一些重大敏感案件如果适用认罪认罚程序公众可能接受不了，有些案件就是不杀不足以平民愤，其实这是对公众接受度的一个误解。首先，公众要求精准打击，不要打击半天发现是冤假错案；其次，公众要的也不是简单的重罚，而是恰当合理的处断，以及审慎严谨的程序，并且希望看到被告人对法律的制裁心悦诚服。也就是希望正义不但要看见，还要被看清楚，被告人的真诚认罪悔罪，显然是正义的直接彰显。不足以平民愤的话语体系是以一部分公众一时的态度，来作为复杂问题简单化、司法问题行政化处理的托词，本质上也是与法治精神相违背的。事实上，刑罚的目的不仅在于惩戒，还在于教化，公众渴望的不是严刑峻法，而是良法善治。

这种理念实际上是从以往单纯报应刑理念向预防刑理念、修复性司法理念的转变；从对刑罚功能的过于自信，到更加关注社会的综合性治理的转变；从把人定位为单独的理性人，到更加考虑社会网络的联系以及互动作用的转变；从警惕人性之恶到激发人性之善，对人性多存一分"了解之同情"，更加愿意用善意来激发善意的转变。有这样一个期货类犯罪的案子，非常复杂，主犯在逃，从犯在案，有大量的通讯类证据需要分析，其关联性需要专业性的论证，审查和指控难度都非常大。检察机关通过做思想工作，从犯认罪认罚了，并向检察官详细交待了犯罪的方法，为检察机关审查案件、指控犯罪提供了大量的帮助，通过认罪认罚，该人最终被处以缓刑。而他在看守所期间，由于感念于司法机关的宽大，发自内心地认识到认罪认罚的意义，他还帮助了另一个重要案件的被告人起草了悔过书，使那个案件的庭审也收到了良好的效果。在该期货犯罪案件宣判数月后，一直在逃的主犯的家属突然主动与检察机关联系，咨询认罪认罚的有关事宜，最终又促使该主犯到案，当然也适用了认罪认罚。由此可见，认罪认罚不仅是回归的金桥，也是传递善意的金桥，只有善意才能换来更大的善意。

这可能就是认罪认罚在社会不断进化、文明不断发展的今天被推广的深层法治原因，事实上，认罪认罚就是社会进化的产物，是法治发展的成果。说认罪认罚无禁区，其实是在说法治无禁区。为什么有些案件就只能严、不能宽，只有严、没有宽？这并不是法律的要求，只是政策、命令的要求，对这些案件排斥认罪认罚的适用，实际上是将政策、命令凌驾于法律之上，而这并不符合法治的精神，事实上也从根本上违背了宽严相济刑事政策的要求。

理解宽严相济首先要理解"宽"和"严"。宽严相济之"宽"的基本策略与目的是通过司法上的非犯罪化与非刑罚化以及法律上各种从宽处理措施，防止犯罪者再犯及促成其再社会化。但是"宽"并不是绝对的，对案件中主观恶性较深、客观行为较为恶劣的犯罪人，虽然也认罪认罚的，但在"宽"的大原则下也要体现量刑幅度减让上的"严"，以及在刑罚执行方式上的"严"，做到宽中有严。同样，对于暴力犯罪、有组织犯罪、恐怖主义犯罪等严重危及社会安全与秩序的犯罪，"严"也不是绝对的，对那些主观恶性较小、客观行为较轻微的从犯、胁从犯，以及具有自首立功等情节的犯罪嫌疑人则应该适用"宽"的刑事政策，即以"严"为原则、"宽"为例外，严中有宽。

此外，对已经认罪的死刑案件犯罪人，在是否适用死刑的问题上也应该慎重，严格控制死刑适用。在宽严相济刑事政策中，该宽则宽、该严则严，对于"宽"与"严"加以区分，这是基本前提。因此，宽严相济是以区别对待或者差别处遇为根本内容的。区别对待是任何政策的基础，没有区别就没有政策。刑事政策也是如此，它是建立在对犯罪严重程度的区别基础之上的。当然，宽严的区别本身不是目的，区别的目的在于对严重性程度不同的犯罪予以严格性程度不等的刑罚处罚，由此而使刑罚产生预防犯罪的作用。

"济"，是指救济、协调与结合之意。宽严相济刑事政策不仅是指对于犯罪应当有宽有严，还在于宽与严之间应当具有一定的平衡，互相衔接，形成良性互动，避免宽严皆误结果的发生。宽和严虽然是有区别的，并且在不同时期、对不同犯罪和不同犯罪人，应当分别采取宽严不同的刑罚——该宽则宽，该严则严，但这并不意味着宽而无严或者严而无宽。实际上，既无绝对的宽又无绝对的严，而是应当宽严并用。例如，某些犯罪分子，所犯罪行虽然极其严重，应当受到刑罚的严厉制裁，但如果其坦白、自首或者立功，在对其从重处罚的同时还要做到严中有宽，使犯罪人在受到严厉惩处的同时感受到刑罚的体恤与法律的公正，从而认罪服法。只讲"宽"，难以有效遏制犯罪，社会秩序无法得到保障；只讲"严"，严刑峻法，就会导致重刑主义，也不能遏制犯罪。在宽严相济刑事政策中，既不能宽大无边或严厉过苛，也不能时宽时严、宽严失当。要轻中有重，轻重兼济。认罪认罚从宽制度就是使宽严相济原则制度化和稳定化。而重罪的认罪认罚，实际上就是在重罪中适用宽严相济刑事政策的制度化。

二、口供与证据标准

我们要坚持不能仅以口供定案，但也不能忽视口供的重要证据价值，尤其是认罪认罚背景下有罪供述的重要证据价值。由于重罪认罪认罚的启动成本高，检察官在适用认罪认罚的时候也会从成本收益的角度进行权衡，往往会优先选择一些原来不认罪但通过教育转化后认罪认罚的案件，这些有罪口供对案件的认定帮助作用比较大，也就是口供的含金量比较高，与认罪认罚付出的额外工作相比收效当然更大一些。比如犯罪嫌疑人在侦查阶段一直不供认犯罪事实，因而使得案件证据链条存在瑕疵，是否达到确实、充分的证明标准，存在较大争议的；犯罪嫌疑人在侦查阶段虽曾供认过犯罪事实，但其后又作出无罪辩解，因而造成对有罪供述采信困难的；犯罪嫌疑人在侦查阶段的有罪供述不稳定，前后不一致，因而造成对不同供述的采信可能影响此罪与彼罪认定的；犯罪嫌疑人在侦查阶段的有罪供述一直稳定，但其一旦翻供，有可能影响定罪的；需要犯罪嫌疑人指证共同犯罪的同案人、检举揭发他人犯罪或提供其他犯罪线索的，等等。

对于这些案件，我们怎么看待口供与案件证据事实的充分性问题？笔者认为，不能完全跳开认罪口供来看证据和事实。认罪认罚的案件同样也要坚持事实清楚、证据确实充分的起诉标准，虽然不能在证据上做交易，但是在认定案件事实的时候，应该将认罪之后的口供考虑进来，与之前不认罪的口供以及其他的证据放在一起来看待，综合全案事实来考量。犯罪嫌疑人的认罪口供，当然不仅是一个态度的问题，一定是能够与其他证据相互印证，甚至说出了以前没有掌握的事实，非亲历而不可知的细节，印证了一般人不会注意的证据细节；弥补案件其他证据的瑕疵，对之前的翻供进行了合理充分的解释；即使是以往一直认罪，但一旦翻供会影响整个案件认定的，也要通过认罪认罚确保口供的稳定性；或者是对其他同案犯的犯罪行为能够进行详细有力的指证，从而确保整个指控的顺利进行，等等。在这里，口供就像一条线，将客观证据和在案其他证据串联起来。比如一个运输毒品的案件，两个被告人，抵京数日后被抓获，二人到案后对运输毒品的事实供述不一，且在预审阶段均翻供。认定运输毒品还是非法持有毒品，以及能否认定犯罪，与二人供述紧密相关。经过做工作，一名犯罪嫌疑人最终认罪认罚，并坚决指正同案犯的犯罪事实，提供了大量细节证据，检察机关最终将其以从犯起诉，并提出了较为轻缓的量刑建议。在本案开庭阶段，辩护人提出非法持有毒品罪的罪轻辩护，该被告人仍然稳定地承认运输毒品的犯罪事实，对本案顺利完成指控提供了大量帮助。

而在一起发生在火车站附近的杀人案中，由于是在热力井中沉尸，案发多年后被发现，关联性痕迹物证缺失。经多方排查，终于查找到犯罪嫌疑人，这就使得口供显得非常关键。好在犯罪嫌疑人自始认罪，但翻供的风险随时存在。因此对犯罪嫌疑人适用了认罪认罚制度，其能够供述出，沉尸用的邮政布袋相关特征以及案发和沉尸周围的环境特征，虽然当地经过拆迁，建筑外观已经面目全非，但经查找当地以往的规划图纸，与犯罪嫌疑人口供吻合。考虑到犯罪嫌疑人自始至终的认罪态度，其口供对案件认定的帮助作用，以及案件事发有因的特殊情况，检察机关最终提出了 10 ～ 12 年的量刑建议，法院最终判处了11 年有期徒刑。通过认罪认罚程序获得的有罪口供实际上很大程度上降低了案件的不确定性，增加了案件的确定性，不仅确保被告人认罪服法，也使检察官和法官心里更加踏实，由于认罪认罚一般也不再提出上诉，自然也不会再有发回重审的风险，极大降低了整个诉讼成本，同时确保了案件质量。

三、量刑建议和法律帮助

量刑建议在认罪认罚制度的落实中始终是一个难点问题，因为它不是检察官的传统性工作，检察官普遍缺乏量刑的意识和基础。而重罪认罪认罚的量刑建议就尤其难，很多地区都推出大数据的量刑建议辅助系统，但在重罪上往往就不太管用，主要是因为样本太少，能够公开的判决少，而影响的因素又多。如果有从轻和减轻的情节，就存在跨越刑档的大幅度量刑区间问题，如何拿捏，是否要在刑档之下量刑都不太好把握。而有些犯罪嫌疑人、被告人认罪态度特别好，有很好的酌定量刑情节，但是又存在不能跨越刑档的问题，因此从宽的余地就小。而这些问题又会成为与犯罪嫌疑人和辩护人沟通的难点，其要求又感觉难以满足。当然量刑建议的能力，通过检察官的不断努力还是可以逐步提高的。

但是量刑问题中最重要的因数其实是法官，量刑建议只有法官认可才能作数。事实上，《刑事诉讼法》明确规定，法院一般都应当采纳检察机关的量刑建议，只有几种特殊情况除外，如果确实需要在量刑建议之外判处刑罚的，应当首先要求检察机关调整量刑建议。但很多法官对量刑建议不太适应，以为是侵夺了他们的刑罚裁量权，因此会故意不在量刑建议的幅度内判，显然违反了《刑事诉讼法》的明确要求。事实上，《刑事诉讼法》中的"一般应当采纳"的意思就是刑罚裁量权向检察机关的让渡，对这一点法官的认识没错。但是这是立法赋予的检察机关的权力，是立法将刑罚裁量权在检法之间重新进行了调整，而法官应当严格执行法律。这也是立法权与司法权的关系，立法权代表全国人民的根本意志，对刑事诉讼的权力构架进行的重新调整，司法机关以及司法官个人不能因为自己不理解，或者不符合自己的意愿就不去执行。司法官应该带头执行法律的规定。而且刑罚裁量权的调整有着深层的法治考量：首先是从整个刑事诉讼流程的角度提高诉讼效率，检察官把法官的活干了，法官就更加轻松，可以把更多的时间和精力放在更加复杂的案件上，而不是放在死死抓住量刑权不放上。《刑事诉讼法》是用检察官一个人的工作量增加来节约一审法官、二审法官甚至重审法官的时间。其次，量刑建议的采纳率是认罪认罚协商的基础。只有检察官提出的量刑建议在极大概率上能够被判决所兑现，检察官在认罪认罚的威信上才能树立起来，说话才有人听，而这正是认罪认罚的关键，尤其是重罪认罪认罚案件的关键。试想，如果犯罪嫌疑人在考虑认罪认罚的时候，还在担心法官会不会采纳量刑建议，那他一定会犹豫，甚至在认罪供述上有所保留，这样一方面可以获取检察官比较轻缓的量刑建议，还要保留一些猛料给一审法官，从而迫使法官在量刑建议幅度之下量刑，甚至还要留一些给二审法官，从而在上诉不加刑的保护之下，把量刑宽缓的好处占尽。只要个别被告人能够在某一环节上成功，都会给看守所中的其他被告人树立一个负面的榜样。只是因为法官固执于量刑裁量权，就会给整个刑事诉讼带来无穷的麻烦，同时还会减损整个司法机关的公信力。让被告人以为司法机关只是一些容易各个击破的司法空子。

在这个问题上，检察机关一方面需要加强沟通协调，帮助法院加强对认罪认罚大局的认识,严格落实刑事诉讼法的要求,充分尊重检察机关的量刑建议权,当然检察机关自己也要提升量刑建议的能力。另一方面,对于完全无视刑事诉讼法的规定,故意违反法定条件和法定程序在量刑建议幅度之外判处刑罚的,应当敢于提出抗诉,上级检察机关原则上应当予以支持,量刑畸轻畸重的判断上可以适当放宽,从而维护检察机关和整个司法机关的威信以及刑事诉讼法的权威。对于那些因为个人徇私而枉法裁判的,检察机关应当依法进行侦查。通过大数据进行量刑采纳情况分析,确定出重点法官,可以帮助有针对性的排查线索。而对于那些被告人认罪认罚之后又单方面撕毁具结书恶意上诉的,应该果断提出抗诉,二审检察机关应该提出更重的量刑建议,促使二审法院依法采纳并改判,从而维护认罪认罚的严肃性。

前文提到的运输毒品案件,辩护人之所以提出了非法持有毒品的罪轻辩护意见,主要是因为签署具结书的值班律师与出庭的指定辩护人不是同一人,导致人为产生认识分歧。这也暴露出值班律师与法律援助律师存在分离的制度性问题,这里面有援助费用支付的问题以及两个制度沟通协调的问题,但是根本上是没有一个统一的制度进行统一安排的问题,因此有必要予以整体考虑,促使值班律师与法律援助律师合一,一个案子跟到底。

事实上,值班律师的法律帮助是认罪认罚的重要环节,也同时是制约认罪认罚制度落实的重要瓶颈。因为一般的认罪认罚案件都以具结书的签订为要件，只有几种特殊情况可以免除，但这些案件的数量非常有限。也就是，一般来说没有律师签具结书，认罪认罚就办不了。《刑事诉讼法》虽然规定了看守所要设立值班律师工作站，但很多地区还没有落实，有些地区落实了，但是由于看守所以安全原因为由拒绝值班律师进入看守所，因为值班律师没有委托书不能直接进入看守所，这也使得很多值班律师工作站名存实亡。但是检察官有切实的需要，只能提讯之后再约，因为当时是无法保证随叫随到的，就算外面有人也不可能马上进去，需要单独协调，这往往就要耽误几天。以至于为了一个认罪认罚，检察官从本来提讯一次，变成至少提讯两次以上，从而极大提高了诉讼成本。因此，建立值班律师进入看守所的绿色通道，共同推动在看守所设立认罪认罚三方专门会见室成为破解重罪认罪认罚难的重要途径。

四、效率与效果的问题

认罪认罚在轻罪上主要讲效率，在重罪上应该是在保证效果的前提下适当提高效率，效果是第一位，有好的效果，可以使示范效应达到最大化，促使更多的犯罪嫌疑人认罪认罚，这其实也是更广义上的效率最大化。而保证公正、准确、适当的办案效果，确保办案质量万无一失，避免案件被拉抽屉，这也

是时间维度的效率最大化。因此,效率与效果是辩证统一的关系。在这个辩证关系中要考虑三个因素:

一是被害人及其家属,他们是一支不可忽视的力量。有些被害人死亡的,虽然近亲属不具备与被害人同等的权利,但从司法惯例上一般也将近亲属视同于被害人看待,这体现了一份尊重。他们的心态平复程度,对犯罪嫌疑人的态度,达成谅解以及赔偿履行的效果,也应当成为认罪认罚的重要考量因素,尤其是重罪案件中对被害人及其家属的伤害如此之深的情况下。这不是法律的要求,但确是道义和情感的要求,所谓的效果当然应该是情理法的统一。我们要尊重被害人及其家属的意见,但也不要被绑架,狮子大开口的不合理的赔偿诉求,也不应当成为阻碍认罪认罚适用的因素,这也体现了认罪认罚的严肃性。

二是与辩护人、值班律师要形成良性互动。在认罪认罚的道路上我们是同向而行。事实上,在教育转化以及与犯罪嫌疑人的沟通上、释法说理上,辩护人和值班律师都要发挥重要的作用。实践中,很多辩护人对检察官适用认罪认罚持欢迎态度,他们认为这体现了检察官运用刑事政策的娴熟,节约司法资源提高诉讼效率,体现了感化和挽救,对被告人而言是最好的选择,对量刑互动表示赞赏。这确实是一种双赢的局面,也是办案效果的一部分。

三是在审查报告上要讲效率,在办理质量上要讲效果。认罪认罚案件的审查报告可以避免大量的证据摘录,侧重证据分析以及量刑建议的分析研判。但要注意增强起诉书的叙述性，避免含糊，确保犯罪嫌疑人在认罪认罚时明确自己的认罪范围，以起诉书作为案件质量的检验阀。在庭审程序上可以适当简化，但也要做好被告人当庭翻供的准备，因此对案件的审查要毫不放松，突出实质化，不能因为被告人的认罪就完全掉以轻心，应该根据案件的特殊情况，进行适当的准备。要确保认罪认罚也要能够经受得住程序逆转等不确定性因素的考验。因为认罪认罚永远笼罩在以审判为中心的背景下，被告人永远有辩解的权利，认罪认罚与以审判为中心是一体两面的关系。要认识到出庭能力、应变能力是认罪认罚案件的坚强后盾，要认识到出庭能力在认罪认罚案件中同样具有核心重要性，才能以不变应万变，立于不败之地。

最后，在重罪领域推进认罪认罚制度，还要坚持审慎稳妥的原则，分步骤、有区分地统筹推进。在推进的过程中要综合考虑法律、政治、舆论、时机、策略、节奏等多重因素，尤其是在重大敏感案件中还要体现出法律与政治的双重智慧，彰显司法温度和实践理性。

维护善意的秩序需要司法者的勇气

认罪认罚后案件被告人上诉了怎么办？

有人说，上诉了就上诉了，这是被告人的法定权利，维持原判就好了嘛。

也有人说，要抗诉，要重判，要给予一定的惩罚和反制措施。

笔者认为，先不要着急下结论，先要分析的是被告人为什么要上诉？

一

本文的讨论主要集中在认罪认罚之后被告人仍然以量刑过重为由上诉的问题。

如果具结书是真实的意思表示，刑罚也在协商认可的量刑建议区间判处，那这个过重又重在什么地方？

求仁得仁，又何怨？

首先是对认罪认罚的认识问题。

虽然具结书写得很清楚，刑事诉讼法规定得也很明确，但是由于认罪认罚在很多非试点地区仍然属于新生事物，很多被告人对相关政策了解得不是十分清楚。司法官在政策解释的时候，也未必十分到位。见证签字的值班律师也存在法律帮助实质化不足的问题，也缺少有效的阐释和说明。甚至还存在对认罪的范围理解有误的情况，这都使认罪认罚的沟通存在问题。

这导致一些被告人以为签了具结书的意思就是可以从轻，甚至是在量刑建议以下从轻、减轻处罚。因此，你按照量刑建议的幅度判，就低于他的心理预期，这是一个理解问题。

这需要我们在适用的时候加强释法说理，不是机械地走流程，应该让被告人彻底弄明白，认罪认罚可能给其带来的结果，否则可能引起不必要的误解。

正义不仅要被看见，也要被看清楚。

其次是"为了出去活动活动上诉"。

有些被告人自己也说，他并不是真的觉得量刑有问题，而是就是想出去活动活动，因为上诉毕竟有个提押过程，能够出所，还有的听说在暂看室能吃到包子，就是为了吃到包子、能出去能活动，就想上诉。

至于对诉讼资源的消耗、诚信问题，并不在被告人的考虑范围。

这确实是对上诉救济制度的滥用，但是考虑到轻罪的高羁押率，以及羁押带给人的焦虑，也要有所理解。

再次就是将认罪认罚当作获得最大司法利益的工具，是一种认罪认罚的工具主义。

这种被告人往往对司法程序比较了解，知道其中可以利用的空间。

他完全了解认罪认罚的本质含义，以及可能带来从轻处罚的司法利益，所以他会先认下来再说。

他也知道上诉不加刑原则，因此上诉是其将司法利益扩大化的第二步。

在上诉不加刑原则的保护下，这个算盘几乎是稳赚不赔的，主要的是此类抗诉案件也比较少，被告人也知道这一点，因此他知道上诉的风险成本几乎为零。

可以说采取这种策略也是其经过理性计算的结果，对诉讼效率的影响和认罪认罚秩序的破坏，其并不关心。

对于这三种情况，应该有所区别。对于认罪认罚的内容和政策理解有误的情况，司法官也应该承担一定的责任，一般不宜采取抗诉的方式处理，应该通过二审检察机关再次耐心的释法说理，尽量促使上诉人在二审阶段再次认罪认罚，至少不要带着对法律的误解去服刑，帮助其树立对法治的信仰，促使其成为认罪认罚制度的义务宣传员。一般可以维持原判，认罪态度特别好的，原审判决从宽幅度不到位的，也可以考虑进一步从轻处罚。

更重要的是在日益的认罪认罚工作中，要充分做好政策解释工作，把认罪认罚的政策讲透，把要认的"罪"和"罚"说清楚，不要过分扩大从宽的效果，要实事求是说明从宽的后果和幅度，建立一个清晰的认知和客观理性的心理预期，这将成为认罪认罚的一个重要基础，这个过程不要图快，否则将得不偿失。

对于为了改善羁押处境，也就是"为了出去活动活动"而上诉的案件，我们首先还是要检讨目前的轻罪审前普遍羁押的问题，可以考虑使用电子手铐等技术手段大规模降低审前羁押率，这是解决此类上诉案件的根本途径。

但是对于那些即使有电子手铐制度，但仍然应当羁押，但是故意把司法程序不当回事，秉持一种随意而轻慢态度的，我们应该帮助其认识到司法的严肃性。

对于一些犯罪情节本身比较严重，从轻幅度力度也比较大，但认罪态度真诚性较差的被告人，可以考虑采取抗诉的方式处理，既然认罪认罚之后又上诉，就意味着单方面撕毁了已经签订的具结书，而当时较为轻缓的量刑建议的前提是认罪认罚的态度，现在前提已经不复存在，从宽的量刑建议当然应该收回，应该重新予以考虑。

抗诉是一种重新予以考虑的方式，抗诉并不是所谓的简单惩罚，因为它不会直接产生结果，它是给二审法院重新裁量的机会。否则法官只能被"上诉不加刑"约束，也无法对案件进行真正意义上的全面客观评价。

对于第三种情况应该予以重点关注。此类被告人实际上是在利用认罪认罚规则以及一切法律规则为自己谋取司法利益的最大化，首先他们认罪认罚的真诚性极度可疑；其次他们的城府之深需要引发警惕，对其通过缩短刑罚而教育挽救感化必然让人丧失信心。

他们这种对司法善意的蓄意破坏也具有极大的传染性，不给予一定的反制措施，会使法治显得过于怯懦。这种算计司法者，法治应给予其一定的教训。因此，此类案件不能轻易以上诉权当然行使为由，一味地听之任之，检察机关对于此类案件不能轻易放弃抗诉权利，此时抗诉权的行使不是为检察机关出一口气，而是为法律的威严争一口气。

二

在这里，我们也应当重新检视一下抗诉制度，抗诉并不是一种惩罚性制度，从本质上来说，最终的决定权仍然在审判机关手中。因此抗诉既是一种审判监督手段，同时也是一种救济手段，就像上诉是为保证被告人不被不当判决有罪，不当判处重刑一样，抗诉也是为了避免案件定罪、量刑不当的一种救济途径，两者同样是启动二审程序的手段，是通过诉讼内的及时救济，经第二次审判以确保审判公正的司法自我纠错机制。

如果应当抗诉而没有及时抗诉，就有可能会放纵犯罪，至少要使追诉犯罪的成本极大增加。如同对当事人的申诉程序一样，对于生效判决提出审判监督程序的抗诉也要经历极为复杂的程序，对于能够通过抗诉解决的审判错误问题，由于考虑到判决的稳定性，未必能够通过审判监督程序加以解决。

这就造成一个棘手的问题，如果一个认罪认罚案件，确实存在一定程度的量刑畸轻问题，如果没有抗诉，只有上诉，那即使二审法官认为一审判重了，也无法纠正，只能眼睁睁维持原判。因为启动审判监督程序的成本过高，程序过于复杂，如果一个中级人民法院一审的案件，高院二审，就意味着必须由最高人民检察院向最高人民法院提出审判监督程序的抗诉，才能启动纠错程序，虽然少判了几年的刑罚，但如果没有及时提出二审抗诉，也就几乎很难救济了。

因此在这个问题上，抗诉并不是什么惩罚，而是救济，是保证程序的指向不会一边倒，而且法官可以左右权衡。

当然抗诉也有监督的属性，会引起二审开庭审理，检察机关需要派员履职，法院在审理时也会重视听取检察机关的意见，某种意义上也是增加了诉讼成本，其目的是对重要审判错误引起重视，进行重点纠错。

既然是重点就应该有所选择，这也体现了法律的比例性原则，一定是与成本相当的收益可能才值得付出。

所以以量刑抗诉论，一般要求畸轻畸重，也就是轻重上差得比较多，才有必要提出来。

这里面也有一个既判力的问题，虽然没有生效的判决既判力分量重，但也是一份判决。

判决的意思就是在画句号，不仅仅是法院的句号，而且也是法院代表司法机关整体，根据分工和流程阶段性地画一个句号，也就是定纷止争了，到此为止的意思。

这个稳定性要维护，它关乎整个司法权的公信力，除非有特别理由不能轻易动摇。

因为前面提到所谓的判决错误，只是我们的一个主观认识，不是必然有错误，大多时候都会维持原判，维持原判的案件也大多不会被重审改判，也就是说判决绝大多数时候是正确的，我们认为有错，很多时候是我们的理解问题。

被告人认为有错，就可以提出上诉，我们不对其提出程度上的要求，因为是要保证当事人的权利。但是作为司法机关的检察机关提出抗诉，我们就要求有一个必要性问题，尤其是检察机关提出抗诉还有法律监督的色彩，分量更重，那一定要理由比较充分，认为有错的程度比较高，不是一般的错，而是比较严重的错，这个时候才有动摇既判力的必要性。

这也体现了司法机关彼此之间的尊重，以及对司法权威的共同维护。

但是说到被告人的上诉权保障的问题，这个保障也是相对的概念，也不能纵容滥用上诉权，不能自己知道量刑没问题还上诉，上诉的目的不是真正地纠正错误。这个时候就需要检察机关的抗诉权来对冲一下，或者有一个权力制衡，因为我们不能阻止被告人的上诉。

而且这个制衡有一个合理性，即情势存在一个变更，由于具结书被撕毁了，据以从轻的量刑基础失去了，如果当事人当庭不再认罪认罚，那检察机关还可以建议转换为普通程序审理，并有一个重新提出量刑建议的机会，一般来说会有一个更重一些的量刑建议，这个时候法庭就可以根据这种情势变化，进行更加充分的权衡，并依法作出相对合理的判决。

但是由于被告人当庭没有提出来，在一审判决之后对认罪认罚反悔，撕毁具结书，就等于剥夺了司法机关转换程序审理的机会，从而使一审判决没有将该变化纳入考量范围。这对司法机关以及被害人也是一种不公平的突然袭击，实际上是"骗取"了一个轻缓的刑罚，带着"骗来"的轻缓刑罚通过上诉程序，谋取更大的轻缓，如果检察机关这个时候不去抗诉，就会使这种"骗取"行为提前获得成功。这不仅对实现这个个案的公正不利，对那些老老实实认罪，踏踏实实服刑的真正认罪认罚者也是一种不尊重。如果这样做可以成功，老实人岂不是吃亏了？

如果老实人吃了亏，谁还愿意做老实人？

为了不让老实人吃亏，检察机关也应该启动抗诉这个对冲程序。

当然笔者前文已经提到了，在启动时一定要掂量一下，抗诉程序的分量以及既判力的价值，但是在准备不启动的时候，对老实人的尊重，对认罪认罚秩序的维护，也同样要掂量一下，因此面对认罪认罚又上诉的问题，需要同时权衡两个方面的分量，这可能是与一般抗诉案件有差别，也是对检察权更深层次的把握。

我们要知道认罪认罚是一种良善的司法秩序，如果欺瞒者当道，善良者也将动摇对法治的信仰，司法公信崩塌，效率和公正都会被拖累，将会堕入双输循环。

善意通过善意来交换，轻慢者被反制，阴谋算计者必受严惩，这才是良性循环，只有讲究法治的信任和秩序才能促成效率和公正的双赢。

维护善意的秩序需要司法者的勇气。

以审判为中心是认罪认罚的坚强后盾

认罪认罚最重要的前提就是真实性。

而这个前提需要建立在以审判为中心的屋檐之下。

一

一个人只有随时能够获得公正裁判，才会如实地、自愿地认罪。

因为那些无罪之人无须勉强咽下认罪的苦果。

在这里，以审判为中心所带来的庭审实质化是正义的保护伞。

如果只是害怕被重判而认罪，那只是恐惧，不是公正。

模糊的事实也可能导致定罪，那必然走向了以审判为中心的反面。

在认罪认罚实践中已经开始产生顶罪现象，忽视重要量刑情节、认罪认罚事实基础不牢等问题，应当引起高度重视。

轻罪依然可能产生冤假错案，而且更难纠正，认罪认罚不能萝卜快了不洗泥。

认罪认罚必须以实质化的审查为前提，否则非实质化的审查将成为错案流水线。

实践中，由于纠错成本、申诉成本高昂，纠正的冤假错案多属于重罪案件。

轻罪案件很少有人较劲，即使在诉讼过程中，很多轻罪被告人在坚持长期诉讼和认罪后短期处刑面前，往往会选择后者，尤其是有一定过错，或者只是在认定事实多少、量刑情节采信上有分歧，被告人往往也选择不计较，有些量刑建议也在被告人的心理承受范围之内。

当然，也有一些后来寻思过来不是味儿的，也会选择上诉程序，这样也失去了认罪认罚节约诉讼成本的意义。

一次性弄清楚多好啊。

有时候是我们心太急，太在意了快，忽视了实和稳，在审查的时候没有达到实质化。

在快之前更重要的是准和稳，这样避免了拉抽屉的方式，实际上从长远来说却是最快的。

比如还需要核实一些情节的，即使是量刑情节，该核实的还是要核实，不能为了快就不核实，就这样了。虽然被告人签了具结书，但到最后还是会提出来，在二审阶段再提出来，再改判，那就变成了夹生案，不但影响了诉讼效率，还会产生负面效应。

也是就在认罪认罚的节奏把握上，时间要服从于质量；在程序把握上，实质化程度要服从于案件需求。庭审实质化的大门应该随时向被告人敞开，随时可以转化为简易程序或者普通程序，对于稍有含糊的，都要把程序走完整。以审判为中心的程序公正是防止冤假错案的重要防线，这道防线不仅仅是被告人的救命稻草，也是我们司法官的一大法宝。

办案子不要怕麻烦，怕麻烦一定会出问题。

只要被告人不怕麻烦，我们就没有什么怕麻烦的，因为眼前的麻烦才是通往正义的捷径。

而另一方面，这个以审判为中心必须是真的管用，不是形式意义上，而是真的庭审实质化，该判无罪的，一定可以判出来。

这个正义不但要被看见，还要被看清楚。

还要让被告人相信，选择普通程序不是一条恐惧之路，而是一条光明之路。

只有这样才会让那些真正冤枉的人敢于选择这样复杂的程序，才会让他们觉得这个选择值得，从经济角度能够接受，人们才会做出正确的选择。

给人公正的信心取决于获得公正的成本。

二

　　同时，理想化的庭审实质化还有着双重的筛选功能，那就是无罪的人不受冤屈，但有罪的人必受处罚。

　　庭审实质化不仅仅是辩护实质化，不是有罪之人逃避法律处罚的安全通道，但同时也要体现公诉的实质化，让有罪之人无所遁形。

　　这就启示检察官在认罪认罚案件的出庭过程中，不能仅有一套被告人认罪的出庭预案，不能将宝都押在认罪口供上，还要做被告人不认罪的准备。

　　只有在做好打的准备的时候，才能真正获得和平。

　　当被告人在法庭上闪烁其词、避重就轻时，要当场揭穿其本来面目，明确表明对他的认罪持保留态度，让被告人明确做出认罪和不认罪的选择。如果认罪就老老实实认罪，只是表面认罪，在关键事实上又推翻认罪供述，否定其认罪情节，就表明其以实际行动撕毁了具结书，从宽的量刑建议也不再有效。此时，应重新提出与其罪行和不认罪态度相符合的量刑建议，从而体现认罪认罚的严肃性。

　　公诉机关展现出强硬态度之后，被告人往往才会真正认清现实，回到真诚认罪的道路上，并对司法多了一分敬畏，但这样的结果一定是在我们有所准备的情况下才能获得的。

认罪认罚不是投机主义，不是勉勉强强，而是需要真实的意思表示。

对于一方面通过认罪认罚获得轻缓的量刑建议；另一方面又否定重要事实以期获得更轻的处罚甚至无罪判决的投机主义，我们要迫使其选择立场。这就是公诉的实质化，也只有这样才能实现庭审的实质化。

在这里必须传达出一个明确而有力的信号，认罪认罚不是用来保底的，司法程序不是儿戏。

认罪认罚不是求来的，绝不允许凑数。认就踏踏实实认，不认就完完整整地审理，但是从宽就不要想了。

以审判为中心应该成为无罪者的护身符，而绝不是有罪者的通行证。

认罪认罚应该成为真诚悔过者的光明之路，对于蒙混过关者，应该比骆驼过针眼还难。

关于法院采纳认罪认罚量刑建议有关问题的辨析

近日，笔者学习胡云腾老师在《法制日报》发表的《在更高层次上实现刑事司法公正与效率相统一》一文，很受教益，但对其中谈及对认罪认罚案件量刑建议采纳的有关主张，难以认同：一是对于人民法院不采纳检察机关量刑建议的实体标准，该文使用的是"量刑建议不当"，而非《刑事诉讼法》第201条规定的"明显不当"。二是对于不予采纳的程序，胡老师认为可以建议检察机关调整，也可以径行判决，而非《刑事诉讼法》第201条规定的需要经过检察机关的调整程序，根据调整与不调整的结果再作出判决。上述两个问题涉及对量刑建议采纳的实体标准与程序准则，更涉及法律能否得到正确执行的原则性问题，有必要进一步探讨。

一、实体标准：究竟是量刑建议"不当"还是"明显不当"？

虽然只是差了"明显"两个字，但是其中含义相去甚远，对实践之影响也是极大。如果量刑建议是十个月，被改成十一个月或者九个月，都可以用"不当"来解释。但谓之"明显不当"似乎有点说不过去。

而《刑事诉讼法》明确使用的是"明显不当"，目的就是限制法官任意不采纳量刑建议的情形出现，确保检察机关的量刑建议一般能够被法院采纳，确保认罪认罚从宽制度的健康运行。这其实体现了认罪认罚的本质。

那就是给被告人一个明确的预期。检察机关的量刑建议并不是检察机关单方面的意见或意志，而是体现了其代表的国家与被告人之间的一种合意，整体上是一种司法权威和司法信用的体现。认罪认罚案件的量刑建议与非认罪认罚案件的量刑建议是不同的。

检察机关不是自己与被告人沟通协商，它是拿着法律明确的"一般应当采纳"的司法信用背书在与被告人协商，只有这样的承诺才能够得到尊重和认可，认罪认罚这项工作才能进行下去。这个时候人民法院的不采纳就意味着有可能破坏前期的认罪认罚工作以及整体的司法权威和公信，因此才有必要加以限制。这个限制就是"明显不当"，只有"明显"的不当，这时不采纳所获的司法公正才足以抵消其对整体司法权威和公信带来的负面影响。在这个事上如果斤斤计较，恰恰与我们《刑事诉讼法》规定的认罪认罚从宽制度的宗旨和要求相背离。

这种以"不当"为由不采纳量刑建议所捍卫的"司法权威"与其所破坏的司法公信相比是得不偿失的。所谓的司法权威绝不仅仅是法院的权威或者法官个人的权威，它一定是司法机关整体的权威。《刑事诉讼法》规定的"明显不当"其实就将这两种权威作了一个很好的平衡。法官的意气用事会使被告人预期落空，非但不能捍卫法官权威，反而会对整体司法权威与公信力产生负面影响。

实践中还有一个问题是将所有"不当"都无差别地当作"明显不当"，对是否"明显"不做区分。这有一个故意混淆概念的问题，也是理念转变的问题。但的确存在一个标准不明显、不好区分的问题，笔者根据一些案例，对何谓"明显不当"，作了一个大致归纳，供读者参考：

（1）未认定有法定量刑情节而超出法定刑幅度提出量刑建议；

（2）量刑建议所依据的法定量刑情节有误，导致未在法定刑幅度内提出量刑建议；

（3）量刑建议适用主刑刑种错误的；

（4）应当判处死刑立即执行而提出死刑缓期执行的量刑建

议，或者相反；

（5）不应当并处附加刑，而提出并处附加刑的量刑建议，或者相反；

（6）不具备法定的缓刑条件，而提出适用缓刑的量刑建议。

比如最高人民检察院抗诉被法院采纳的马乐案，其中抗诉和改判理由就将"适用缓刑不当"确定为"量刑明显不当"。这种明显性，除了法律人之外，一般公众也能够感受得到。

在法定幅度上下略做浮动，肯定不属于"明显不当"，更不属于可以不采纳检察机关的量刑建议的实体标准。

二、程序准则：先行调整还是径行判决？

这是一个程序制约问题。对于明显不当或者提出异议的量刑建议，《刑事诉讼法》第 201 条规定的是："人民检察院不调整量刑建议或者调整量刑建议后仍然明显不当的，人民法院应当依法作出判决。"胡老师文章认为，"人民法院可以建议检察机关调整，也可以依法径行判决，并注意在庭审中听取控辩双方发表的意见，实现尊重检察机关量刑建议权与充分保障被告人及其辩护人行使辩护权有机统一。"用的是"可以，也可以"这样一个逻辑结构。

两者的区别在于，《刑事诉讼法》第 201 条将量刑调整作为一个必经程序，对此检察机关可以进行调整也可以不调整，但必须有这个过程，之后法院再做判决；胡老师的观点是调整程序可有可无，可以建议调整，也可以不建议而直接判，听取意见只是一种注意义务。也就是说在不采纳的实体标准放宽之后，程序准则上继续放宽，从而使不采纳量刑建议在实体和程序上都变得更加容易。不但幅度上不受"明显不当"的约束，程序上也不要商量，直接"径行"判决。这就使承载了各方合意的量刑建议几乎不再具有法律效力和约束力，这样认罪认罚从宽制度的可持续发展恐就面临风险。

事实上，《刑事诉讼法》确定这个程序准则是对量刑建议一般采纳原则的一种双重保护，在实体之外，在程序上再进行控制。立法者知道如果只有实体标准，不做程序控制很容易因为主观理解的不同而松动，导致认罪认罚前功尽弃。因为认罪认罚的工作主要在前期，双方经过沟通达成的合意，不能说推翻就推翻，如果哪不合适，可以再调整一下，这样前期的工作就不会浪费。而且尽量尊重双方的合意，也有利于对判决的接受和认可，避免诉累和司法资源的无谓浪费。动辄推翻前期协商成果，不仅是不尊重控辩合意，更是破坏整体司法权威，也违背认罪认罚制度的初衷。

对于上述实体标准和程序准则，"两高三部"的指导意见又进一步进行了明确和重申。但是实践中却还是存在这样的情况，对于那种前期多次沟通达成的合意，不属于明显不当的量刑建议不采纳，或者即便可能是明显不当却不给检察机关调整量刑建议的机会，径行判决的，是对法条的误读，是对《刑事诉讼法》确定的认罪认罚案件量刑建议一般应当采纳的实体标准和程序准则的曲解。

对此，笔者建议：检察机关在就量刑建议方面与人民法院充分沟通，争取在量刑建议的采纳标准上达成检法共识的同时，要依法履行法律监督职能，对于违背《刑事诉讼法》第201条规定、违反实体标准或程序准则不采纳量刑建议的，应当通过提出抗诉的方式予以纠正，以维护国家法律的统一和正确实施，维护司法权威和法治精神。

2019年浙江省仙居县检察院在一起危险驾驶案中，因一审法院无故不采纳检察机关的量刑建议，仅在量刑建议的基础上加重不足一个月的拘役刑罚，而提起抗诉，二审法院支持了检察机关的抗诉主张，实现了对司法公信与当事人合法权益的双重保护，这是一起十分典型的抗诉判例。当然，检察人员也要快速提升量刑建议能力，多向法官求教，学习量刑经验，提高量刑建议的精准度。认罪认罚从宽制度意义重大、深远，是推进国家治理体系和治理能力的重大制度安排，检法两家肩负着共同维护制度权威、保障制度持续健康发展的责任。

司法与算法

什么是办案系统的 2.0

　　办案系统是司法机关信息化应用的标志，目的在于借助信息化手段实现司法办案的高效、便捷、规范。宏观上可以借助大数据全面分析，服务领导决策，微观上可以依赖自动倒录、抓取，甚至生成办案卷宗的形式，代替手工的信息录入和记载方式，解放司法生产力，将司法官从机械重复劳动中解放出来，从而将更多的时间投入对案件的实质分析和判断之中，目标上应该是更加高效的。

　　但是办案系统只是真实的司法流程和行政化管理模式的投影。这一点具有极大的滞后性，现实中的改革出台意见，整合部门机构，很快就落地落实了，但是系统不行。

　　系统是代码累积起来的规则大厦，牵一发而动全身。这个大厦就是为了过去的组织运行模式设计的，想改，但是就像盖楼一样，没有三五年光景很难完成。这在建筑领域就叫做建筑事实，由于建筑的周期漫长，现有建筑所带来的不便是一个你必须忍受的既成事实。当然忍受时间长了，也容易习惯，这就是我们的适应能力。但这种习惯并不会带来高效，只是我们不再抱怨而已。这个道理对于办案系统也是一样的。

所谓的2.0就是要重建，要动结构，不再是搞装修，小修小补，那只能叫1.2或1.3。

这是每一个系统设计者都明白的道理，但是在实际设计和研发时未必能够把这种理念贯彻到底。主要有以下几个方面的原因：

一是赶工期。把设计系统比作盖楼在体量上是有些小了，应该比作城市建设，它需要庞大的代码设计工程量。工期超短的情况下，捡现成的就成为一大法宝。很多程序已经形成了一些功能模块，对这个功能模块进行重新整合，就是积木式重新拼装，显然是一条捷径。既可以使外观改头换面，也可以节约不少力气。但是关键的问题是，有换汤不换药的嫌疑。

二是资金少。这也是时间紧张带来的结果之一，直接制约了系统设计研发创造性劳动的投入量，创造性劳动的投入量自然决定了系统的原创性含量。重构性是需要耗费大量人类智力投入的，而这一点是非常费钱的。

三是需求调研的行政化和官僚化瓶颈。需求实际上是系统原创性的核心，系统设计出来目的是给用户使用，用户的需求当然应该成为系统设计的导向。但是在行政化机构的需求反馈过程中实际上分为三个层次：第一是决策层，他们设计了现有的组织运行模式和新的流程模式，并希望系统能够体现出来，但他们不是系统的基础使用者，他们也没方法也没有时间提出全部的需求细节，他需要中层和基层来解决。第二是中间层，也就是部门这一级，他们是根据不同业务领域进行划分的，实际上就是一个功能需求的代表，但是实际上他们也不是系统的真正使用者，但是他们作为业务管理单位，握有功能模块具体需求的最终确认权。第三是基层用户，他们是系统的直接使用者，对系统也有很多期待，但是有的没有表达能力，不能把自己真实的需要表达出来，有的渴望表达，但是没有表达渠道，有的表达了，也说清楚了，但是没有被中间层确认。这三个需求层次形成了一种行政化和管理化运行效应，无法真正表达出用户的真实需要，这里面的中间层至关重要，虽然决策层有了一个需求架构，但是落实、可操作还在于中间层的汇总、提出和确认。如果中间层对决策层的需求架构不理解，或者本身存在看法，完全可以通过具体需求的消极应对来处理，因为每一个需求层级都有自己的主观诉求，都倾向于自己的利益最大化，这是需求科层制带来的结果。这种结果会带来需求—设计活动的低效，并且容易背离 2.0 重构性目标的实现，最终形成不伦不类的妥协产物。因此，有必要打破需求层级机构，实现扁平化。

对于 2.0，笔者有几点建议：

一是明确重构性核心需求。也就是做到什么才算 2.0，即首先要搞清楚 2.0 的标志性功能是什么。就以检察系统为例，第一就是要实现捕诉一体。捕诉一体是本轮检察系统内设机构改革的一个标志性成果，同时也是刑事检察办案模式和工作机制的一个颠覆性变革。这是以往的办案系统没有考虑到的。这就意味着办案系统应该反映和支持这一改革的最新成果，如果机制上已经捕诉一体了，但是系统上还是捕诉分开，那就是意味着改革的目标没有实现。因为系统具有刚性和稳定性，对改革成果具有固化作用。

事实上，捕诉流程合一之后，很多案卡自然就合一了，工作量自然就有了明显减少。具体来说，捕诉一体在系统设计上的体现就是一个案号、一个流程、一个审查报告模板、一次归档。在一个流程上一目了然：从头到尾办理一个案件，通过一个审查报告使捕、诉以及捕诉之间的连续性审查得以持续记载，可以保留多个版本，但是归档只归档最终版本。也就是通过系统流程一体化的方式真正实现捕诉一体化，打通改革的"最后一公里。让捕诉想分也很难分开，使一体成为常态，使分开成为个别"。从而还可以进一步降低案件比。而且，因为捕诉案件占到了全部案件量的 90% 以上，所以这个流程一体改造实际上就是办案系统 2.0 的一个标志性流程，这个功能能否实现几乎就意味着 2.0 能不能实现。所以即使这个活麻烦也要做，之所以麻烦，就是因为这个活不是像搭积木一样能够搭出来，它包含了人类更多创造性的劳动，它是全新的、颠覆性的，也正因此它才是重构性目标的核心，是与以往系统的标志性区别，它是这个系统之所以重新设计的意义所在。

二是去管理化。系统主要是用来办案的，不是用来管理的，管理是潜移默化的，不应该过多地加重办案人员负担。以往有些管理的功能没有经过认真设计，有些功能与功能之间还存在冲突，给办案人员造成了不少困扰。案卡项目过多，存在大量非必填项，既然是非必填项，就会出现有些填，有些不填的问题，这就导致统计上失去意义。而且有些案卡完全可以通过文书提取、反填等方式实现，目前其功能还没有得到充分体现。

有些案卡设计存在逻辑问题，直接影响了一部分实际工作的开展，比如对于是否适用认罪认罚程序这个案卡，只要填录"是"，就会跳出要求选择审判程序：普通、简易或速裁；如果不选择就过不去。有些比较老实的检察官明明做了认罪认罚处理，只是由于是不起诉，不敢选择审判程序，最终放弃这部分内容，导致这些案件无法被识别为认罪认罚程序，最终导致数据失真。还有检察官以为案卡既然这么设计，就意味着认罪认罚只能起诉，不能做不起诉，导致在不起诉案件中放弃了认罪认罚工作的开展，这就不仅是数据失真的问题，而且还误导了相关工作。但是这种逻辑漏洞也迟迟得不到修改。

事实上，办案系统已经不是一个流程，而是一部活的诉讼规则，它的实际效力往往要高于现实的规则，因为它是可操作的、不遵守就不能通过的、办案人员每天都在使用的规则。因此，笔者建议：第一，要尽量去掉非必填项，精简现有的必填项，减轻案卡填录负担，通过系统内文书模糊查询等方式，提取以往非必填项，满足临时性统计需求，非必填项的数据其实只是一个近似值，模糊查询就已经足够。第二，减少不必要的管理性提醒，对各种管理性功能进行逻辑清理。第三，在检答网上设计办案系统收集需求板块，并增加投票功能，只要有超过一定投票数量的需求，就自动进入系统准备修改阶段，从而确保系统不断迭代升级，使需求反馈也实现扁平化。

三是建立统一办案系统应用程序商店，形成应用开发者鼓励机制。事实上，统一办案与手机操作系统一样只能满足基础性需求，对于更多更丰富的需求，需要发挥各级检察机关的力量。但是目前的系统开放性不强，规划搭建的接口应用平台也非常有限，而且持续添加的机制比较烦琐，不利于系统功能的持续拓展完善。可以模仿 App Store，建立统一系统的应用程序商店，只要符合一定技术标准的，都允许在这个应用商店上线，检察人员可以自行下载，有些重要的可以提前预装。鼓励任何的检察机关或者检察工作人员上线自己的应用程序，甚至可以鼓励一些商业公司上线一些应用程序。通过下载量、用户量、使用率和满意度等方式进行排名，并建立一些评比机制或资金奖励方案，鼓励开发者的不断涌现，相当于在系统外部功能的开发中引入了市场化机制。检察官完全可以通过用脚投票的方式决定一些应用功能的去留，这样才能使系统应用的功能真正实现用户导向和人性化，也使系统的扩展功能不断丰富。

办案系统注定不能包打天下，它应该是一个基础架构和开放生态，从而在保持稳定性的基础上又能够不断满足多样化的用户需求。

系统的设计要关注人的真实需求，要确保改革最核心内容的落地落实，只有做到这些才是真正的 2.0。

电子手铐有利于降低审前羁押率

随着 5G 技术的落地应用，由于其高带宽、低迟延、高稳定性等特点，电子手铐普遍推开的技术条件已经成熟。

该监管方式在低羁押率的司法体系中早已推开，近年来上海等地也已经在社区矫正等领域有所应用。

审前高羁押率一直为学者所诟病，其弊端之多不必在此赘述，但是实践中解决的根本难题还在于控制感与诉讼成本的问题。

羁押状态至少能够保证诉讼的进行；监视居住所要消耗的司法人力成本又过高，产生的安全风险难以承受，一般也不太用。取保候审最大的问题是监管缺位，犯罪嫌疑人、被告人是否离开指定的区域，何时离开都无法控制，缺少有效的监管方法。

在办案中，犯罪嫌疑人、被告人一旦取保候审，就很容易产生不到案的问题，人找不到了，手机打不通了，再次抓捕，极为耗费时间和人力，严重影响诉讼进行。

所以在考虑取保候审的时候，首先就要解决控制感的问题。只要确保能够及时到案，很多案件中，司法机关并不一定非要采取羁押措施。

这里关键是实现与羁押状态相似的控制感，也就是让司法官相信能够控制得住。一方面是通过成熟的司法体系、诚信体系来保障；另一方面就是通过技术手段来弥补。

技术手段可以替代很大一部分的人力管理：一方面是远程控制，实现非羁押状态的严密监控；另一方面，算法化后台管理，实现随时、随地监控，轨迹可查询、可分析，通过大数据分析可以落实特定的监管要求。

实际上，就是远程信号传输、轨迹定位、大数据分析的方式，实现非羁押状态下的有效监管，弥补司法体系和诚信体系成熟度的不足。

这一路径解决方式也很类似于移动支付的崛起过程。

技术崛起可以在一定程度上实现社会治理体系的跨越式发展。

电子手铐的普遍应用能够最大限度地解决轻罪羁押率高的问题。

实践中轻罪羁押率往往高于整体羁押率，这看起来是个悖论，违背了一般的比例性原则。

但这确是客观现实，轻罪案件的认罪率高，认罪认罚也主要在轻罪案件开展，这些案件本应该轻缓化处理的，但最后大部分却都羁押了。这有三个方面原则：一是控制感问题，二是这些案件处理的周期更短，取保所带来的不到案风险更承受不起，耗不起；三是这些案件事实比较清楚，敢于决定羁押。重罪案件的辩解更多，以证据不足作出不批捕决定的可能性大。

说白了，就是够罪即捕的情况依然存在，不够逮捕的条件又会以刑拘直诉替代。轻罪审前羁押普遍化其实体现的本质还是控制感的缺失。

电子手铐可以增强这种控制感，有望从根本上扭转审前羁押状态。

电子手铐可以实现远程开关机、人机分离报警、破坏报警、越界设置、越界报警、特殊场所接近报警、自动巡检、巡检频率设置、实时查询、轨迹查询等多重功能。实现明确的区域活动限制管理功能，既使犯罪嫌疑人、被告人既能够回归日常生活，又能够确保活动行为的时时可控。即使发生任何突发状况，也能够第一时间应急反应。

在严密、强大的电子监控网络的控制下，行为人违反规则所要付出的代价是严重而必然的，这就构成一个强大的行为规制效果，从而促使其遵守规则。

这个道理与严密的交通控制灯和摄像头下的交通管理模式是一致的。

在这个电子监管模式下，被监管人员的行为变得相当安全、可控，其水准接近羁押状态，但给被监管人的自由度是羁押状态无法给予的。

可以说只要被监管人不违法，电子手铐对其自由活动的影响几乎是可以忽略的。

这样的效果将是一种双赢状态，一方面犯罪嫌疑人、被告人可以免受羁押；另一方面诉讼效率能够得到保障。

更进一步来说，对于深入推进认罪认罚工作也有极大的助益。

一、真正意义上实现实体从宽和程序从宽相结合，避免短期自由刑的弊端

很多轻微犯罪之所以判处实刑，主要是由于审前处于羁押状态，而且社区矫正也有一个监管问题，对此，电子手铐可以一并加以解决。即使审前短暂的羁押，也很容易造成犯罪经验的交叉感染，本来是初犯、偶犯、过失犯罪，出来之后教育改造没有完成，犯罪经验反而增加了，被融入了犯罪社交圈。羁押状态下的犯罪嫌疑人、被告人与社会隔绝，其正常的工作、学习都会发生中断，再想衔接困难重重，复归社会困难，被人为地推向犯罪社交圈，成为一种恶性循环。

程序从宽在推动刑罚进一步宽缓的同时，也会通过电子手铐的严密监管发挥无形的规训效果，通过时时可能触发的警报提醒被监管人珍惜难得的自由，并结合社区矫正体系的完善，产生教化功能，寓刚于柔，发挥预防犯罪作用，减少社会对抗。

二、大幅度降低认罪认罚的诉讼成本

目前存在一个值班律师进入看守所难的问题，值班律师没有委托书，不能直接进入看守所。看守所从安全角度考虑，程序把握上都比较严格，都需要单独地协调。在值班律师进入看守所绿色通道的建设过程中，确实存在司法成本和监管安全的矛盾问题，不容易平衡。

而目前绝大部分的轻罪案件中的犯罪嫌疑人、被告人又处于羁押状态，这就成为了认罪认罚案件中的一个瓶颈问题，很多轻罪案件需要提讯两次，无形中增加了很高的司法成本。

如果非羁押率提升，这个矛盾就比较容易解决，那些危险性低的犯罪嫌疑人大多处于取保状态，可以随传随到，可以在检察机关自己的司法办案区域提讯，就比较方便值班律师随时到场确认，至少减少一次提讯工作。对于轻罪案件，这降低了很多的诉讼成本。

同时，某种程度上羁押率的降低，还可以进一步降低认罪认罚案件的上诉率。不少认罪认罚的上诉人其实并不是真的对量刑不满意，只是不想老在看守所待着，就想出于走一趟，活动活动。其实这也是符合人性的。

非羁押状态的被告人已经处于相对自由的状态，他自然不想折腾，而是想赶快案结事了，为了出去一趟、活动一下的上诉理由至少是不存在的。

减少了这种非正常的上诉也能够节约一部分司法成本，而且能够发挥更好的示范效应。

三、提升认罪认罚的办案效果

审前羁押率的降低，可以增加检察官在认罪认罚教育转化上的话语权，实体从宽和程序从宽可以并用，也可以单用，更加灵活。更加有利于促使犯罪嫌疑人积极履行赔偿义务，促进社会矛盾修复。同样是认罪认罚，从一个从宽到两个从宽，力度更大，对犯罪嫌疑人的影响和触动也更大，也更加有利于实现"三个效果"的有机统一。

通过电子手铐的一个技术应用，用更加轻缓的强制措施、更少的司法投入反而可以创造出更加高效、更有公信力的司法环境，腾出更多资源可以办理复杂疑难案件，既提高司法效率又提高司法效益，从而实现良性的司法循环。

技术驱动社会进步是后发国家弯道超车的重要渠道，这不仅适用于经济领域，在国家治理领域、司法领域也同样适用。因为技术、算法所带来的治理水平提升与经验累积传承相比，其速度差别将是指数级的，而效果却可能更优。这就是电子手铐带给我们的启示。

公诉人进化论

北京市检察机关上线了一款集出庭信息采集发布、出庭观摩预约、出庭情况网上点评、出庭问题和经验汇总、出庭经验值排名、出庭大数据分析、优公评选分值参考等功能于一体的系统，系统的正式名称为"刑事公诉出庭能力培养信息化平台"，原名"出庭管理系统"。就是通过自主发布庭审信息、预约观摩、相互评价庭审效果、分享庭审心得、汇集出庭经验使之成为出庭百科，实现自我组织；通过设立点评专家、百科编辑等角色并自动淘汰更新，打造荣誉体系激发公诉人的内在自豪感，设计信用算法确保经验值累计的真实性，实现自我管理；通过经验值的动态排名引入竞争机制，通过设置二次评价、丰富评价维度保证评价客观公正，多维度反映个人出庭经验成长情况，对出庭能力发展进程有效管理，通过线上和线下的交流实现出庭经验的深度分享，实现自我迭代，最终实现公诉人出庭能力和综合素质的进化。总之，就是通过信息化的方式打造一种自我激励机制，增强公诉人的竞争意识，促进公诉队伍整体水平的提高，并创造出一种更加公平广泛的人才发现机制，可以称之为公诉人的进化论。这是信息化应用的另一种维度，信息化不仅是代替人更是鞭策人，这是一种能力驱动型的信息化系统。两年来，在出庭能力培养信息化平台上，北京市共发布观摩庭3 586场，共计10 581人次预约旁听，发布出庭百科3 677条。在系统上线前，全市每年只能举行100场左右的观摩庭，出庭能力培养信息化平台上线后，已经实现了量级上的飞跃，每年达到1 500场的规模，即全部出庭案件的十分之一左右。出观摩庭、旁听观摩庭已经由个别化向日常化转变。这主要是通过大数据的方式颠覆了传统的出庭能力培养模式，极大降低了组织观摩庭以及旁听预约的成本。

一、主要背景

（一）以审判为中心的诉讼制度改革的现实压力

推进以审判为中心的诉讼制度改革必然有一定的压力，但并非是立即显现的，直到快播案出现，才让公诉人感受到了出庭能力与庭审实质化要求之间的巨大差距。为了从根本上解决出庭能力提升的问题，笔者设计了本系统作为系统性的应对解决方案。这个系统本质上既是一套可以使公诉人实现自我组织、管理、运行的规则体系，也是一个让公诉人能够实现自我超越、自我进化的生态系统。

在系统的设计之初，笔者首先要思考的就是制约出庭能力提升的真正瓶颈。事实上，从出庭的行为来看，整个庭审场面都中规中矩，并没有大的问题。然而这其实就是真正的问题所在，即公诉人习惯于中规中矩和照本宣科。事实上，北京市检察机关每年也会组织出庭检查，每个院抽查一场，每年二十多场，进行了五六年，但很多出庭问题依然如故。因此，笔者思考一个问题：我们那么优秀的公诉人，面对并不是一线的辩护人，为什么发挥得并不理想？为什么同样看到直播，公诉人那么紧张，而辩护人却可以超水平发挥？为什么普通的公诉人，辞职成为律师之后，就会一下子放开，而在自己控方阵营的时候怎么就那么畏首畏尾？这些问题如果用一句话回答，就是公诉人缺少竞争机制，而辩护人适用的是"丛林法则"，在两种环境中进化的是两种不同的司法物种。公诉人长期习惯于闭门开庭，北京每年 2 万出庭案件，抽查 20 件只相当于千分之一，加上各院自行组织的几十场观摩庭，加在一起不到百场，可谓杯水车薪。而其他的庭审没有任何同行或者领导到场，官方媒体报道多以正面为主，绝大部分的庭审都处于无人评价的"暗箱"状态。开庭到底效果如何，无人知晓，而且对结果的影响也不大，也没人关心。

从十佳公诉人的成长轨迹，以及公诉人的整体发展进路看，主要依靠的是审查报告以及上级的认可与赏识，而不是法庭的表现。领导也没有时间去看每一场出庭的情况。当然这也是庭审形式化和司法行政化的体现，从根本上扭转并不容易。但是以审判为中心的诉讼制度改革是一个不可逆的方向，庭审完全直播可能未必合适，但是庭审的公开化却越来越成为趋势。其实也不是完全不看重庭审，一些重大案件会有督办机制，会要求公诉人按照已经确定的三纲一词进行出庭，也就是完全按照既定的脚本进行出庭，所以会发现辩护人或者被告人一旦抛出新的观点，公诉人就会在答辩提纲中翻找。但是庭审具有不可预期性，不能预测到所有的问题。这种翻找的过程会削弱公诉人的气势和自信心。公诉人不敢自由发挥的原因，一是不敢挑战权威；二是挑战的风险太大。可以说公诉人是戴着锁链在跳舞。而公诉人日常养成的也是这种机械出庭模式。因为我们反复强调的主要是规范，而不是真正的出庭技巧，公诉人习惯于宣读事先准备好的出庭意见，不善于即兴表达。这其实也源于法庭对我们的迁就，如果是辩护人，法庭则经常会要求直接说重点，书面辩护意见庭后提交法庭。这种迁就反而对公诉人是有害的，日积月累，就养成了书面出庭的习惯。到了真正需要即兴表达的时候，也就失去了自信和底气。但是法庭的变数在增加，出庭的挑战将越来越大。有些人认为快播案效果不好是直播的错，但是其实直播是公平的，如果公诉人出彩，也一定会获得喝彩。事实上，出庭不仅仅是强调结果，过程也非常重要，这才是庭审实质化的真谛。

　　总而言之，从深层次来看，出庭就是缺少竞争机制。辩护人出庭出得好，不仅影响本次的委托费用，而且会影响其知名度和美誉度，从而直接影响未来的身价，尤其是直播，将这种影响放得更大。辩护人不仅要与同席的辩护人比，还要与所有其他的辩护人比，只有在比较中才能获得更大的进步，才能直接获得名与利的回报。正因此，辩护人更加热心于竞争，市场就像一只看不见的手，在推着辩护人往前走。出庭对辩护人至关重要，因为它看得见，会给当事人及其家属留下直观的感受，会给未来潜在的客户留下印象。虽然很多时候也不一定会获得判决的认可，但是人心中都有杆秤，还是会有一个基本的评价的。这就导致辩护人很看重出庭，庭审成为他们展露才华的舞台，成为宣传自己的最好窗口。因为之前的很多工作都不如这个直观。尤其是在法庭上压倒公诉人那一刻，一定会给委托人留下深刻印象。相反，公诉人的竞技场不在法庭，很多时候是在幕后，在审查阶段，在与领导的接触过程中。十佳公诉人的比赛中，也是制作模拟审查报告这一环节占的分值最大。因此公诉人主要是以审查的案头工作取胜，而不以出庭辩论取胜。这背后有很多深层次的问题，如何在现有的制度框架下，在尽量避免与制度发生深层次冲突的前提下，提高公诉人的出庭水平，而且使行政成本最小化，这就是需要考虑的问题。

（二）现有培训模式的局限

近几年，在大专院校中盛行的模拟法庭也在检察系统中流行开来，并被命名为"实训"，试图成为提高实务能力的主要培训形式。但是这些适用于大学校园的培训形式，并不一定适合已经具有实务经验的司法工作者。首先，真实的法庭环境无法模仿，比如快播案，角色扮演永远无法模拟法庭真实的瞬息万变。模拟法庭的脚本虽然来自真实的案件，但往往是在审查报告和侦查卷宗基础之上的艺术加工，为了保密不会直接使用真实的案件材料，这必然会剔除掉一些细节信息，而且即使用这些真实的材料与真实的案情也存在信息的筛选、过滤，而这些看似冗余的信息才是真实性的基础。为什么检察官扮演被告人总是演不像？因为事情就不是他干的，他并不了解被告人的内心，甚至也不了解案件真实的全部细节，更不具备被告人的性格特征和知识结构。即使演辩护人也很难演得像，因为他没有收诉讼费，也不了解一起案件的成败对律师身价的影响，他不会有这个压力和动力，因为他就不是辩护人。其次，模拟的成本很高。经历过"实训"的人员都有这样的体会，一周的封闭、彻夜的打磨，筋疲力尽之后，最终也只是蹩脚的"话剧"。也不能说完全没有收获，但用能够开好几个真实的庭的时间来弄一个模拟的庭，这个时间付出是否值得？而且编制模拟法庭的脚本还需要更多的时间，为了封闭培训也需要投入大量组织和行政成本，还要中断大量业务骨干的办案工作，为此需要付出更多司法资源。再次，"实训"的受众很有限。为了保证每个人都有适当的角色，而不仅仅做看客，培训的规模需要控制，只能保证少量的人员参与，而由于师资、组织、时间成本高昂，每年举行的次数有限。总体来看，"实训"受众非常有限，难以普及开来。最后，"实训"的课程内容有限。开发一个课程，就像在打磨一个剧本，周期比较长，一旦开发，总要用一段时间，否则确实很浪费。这样，"实训"中可供选择的课程也是有限的。而且课程的开发，与当下最新的业务热点相比也有一定的滞后性。课程开发总是有一定的周期，但是社会的发展日新月异，案件类型、业务需求也随之更新，计划总是跟不上变化快。因此用"模拟法庭""实训"的方式来提高司法实务能力总是感觉力不从心，无法跟上新的形势这也是有着深层次的内在原因的。

二、基本设计

为了解决问题，笔者设计了一套规则，让公诉人在这个规则里实现充分竞争，就是产生与律师行业的市场竞争相类似的效果。因为体制内没法给予任何的报酬性激励，但可以设计一些荣誉。很多时候并不完全是钱的事，精神需求也很重要。因此，笔者设计了一个集出庭信息采集发布、出庭观摩预约、出庭情况网上点评、出庭问题和经验汇总、出庭经验值排名、优公评选分值参考等功能于一体的系统，通过这套系统实现公诉人自我组织管理、自我迭代进化的效果。这个系统运行的基础其实是人性，而不是行政命令，实现的是一种自组织的效果。

具体来说，就是通过这个平台分享出庭的经验。要求每个员额检察官，每人每年至少出一个观摩庭，参加的人数不少于3人，也就是可以是很小规模的观摩庭，这种观摩庭操作起来很容易。全国共计300多名公诉员额检察官，因此至少可以达到300场观摩庭的规模，而不是原来的20场，而现在每年1 500场，这在以往是不可想象的。这是因为如果想排名靠前就要出更多的观摩庭，从而引发日渐激烈的内部竞争。每个旁听的人可以对公诉人进行评价，也就是打分，通过计算平均分，就形成一个得分系数，然后乘以出庭的基准分，就是最终的分数。当然旁听的人越多，基准分也会随之提升。因此，公诉人要争取更多的人旁听，但这要通过不断提升排名，提高自己的出庭水平来实现。

对于那些出庭能力没有那么强，或者地域比较偏远的公诉人，可能无法吸引到太多的人来旁听，这是不是对他们不利呢？其实也不是。因为他们可以多旁听别人的庭，旁听庭审也是有一定的分数的，虽然不如直接出庭分值高，但是可以积少成多。既然开始时能力水平比较低，那就更有必要旁听别人的庭审来获得出庭的能力和技巧。只要足够勤奋，不管在哪里，都会取得进步，每一次出庭经验的成长都会被计量。在旁听他人庭审之后，除了基本的维度评价，还可以进行文字评价。但仅有文字评价内容并不单独得分，而是根据他人的点赞数得分。这就是二次评价机制，从而保证评价的客观性。针对出庭中存在的问题，或者本次出庭的经验，公诉人本人以及旁听人员都可以在文字评价的基础上形成出庭百科，类似于维基百科的模式，需要填写题目以及进行分类。这些出庭百科也以点赞数为标准进行积分。

由于出庭是一门体验性的艺术，我们要求只有到现场旁听的人员才有权利评价公诉人，其他围观人员可以发表意见，但无权对公诉人进行评价。公诉人可以通过自己出观摩庭、旁听观摩庭、分享出庭经验等方式获得积分，通过累积这些积分，全体公诉人可以进行经验值的排名。这个排名是动态的，类似于职业运动员。而且这是非常公平的，全面记录公诉人每一次的出庭状况，被点评状况，每一个案件都是真实办理的，因此在这个榜单杀出来的公诉人，就是经受过真实案件洗礼的，含金量更高。这也解决了长期以来业务竞赛选手被诟病的"只会比赛不会办案"的问题。这个系统就是充分利用出庭这个平台，打造一种真实场景教育的平台。以往消耗大量资源进行的模拟法庭，实际上很难模拟真实出庭现场的瞬息万变，而且接受的面也很窄，总体来看性价比不高。而出庭这项工作不管怎样都是要进行的，不需要太多额外的准备和付出，只要把出庭准备好就行了，因此成本极小。但是由于排名的积累将形成海量的出庭观摩机会，从而为全体公诉人提供了大量个性化、日常化的培训机会，可以尽情根据自己的需要进行享用。而从另一个方面看，最受益的人其实是出观摩庭的公诉人自身，因为只要有一位同行来看，不管他是谁，出庭的人都会对出庭准备得更充分一些。日积月累，出庭能力必然会取得长足的进步。而彼此之间线上的交流和经验分享，会进一步总结出庭的经验教训。尤其是线下的交流，这种非正式场合的沟通，更能表达真实的感受，最能碰撞出智慧的火花。

这种海量的出庭观摩会有海量的管理工作，但是我们可以通过算法自发完成，另外我们还邀请设置两种重要的兼职管理角色实现相互的管理。一是点评专家，第一轮主要是邀请资深公诉人担任，包括很多部门负责人。点评专家就是为普通公诉人的点评作出示范和表率，他们的点评会被置顶，他们的预约不受限制，但每次观摩庭只能有一个点评专家出现，从而保证点评专家能够参与更多的庭审。点评专家也有自己的任务，每人每年要出一个示范庭，旁听庭审不能少于 5 次，其中 2 次必须是外单位的，从而保证点评专家可以在更广的范围进行交流。如果有些点评专家一年下来没有完成基本任务，将被自动取消点评专家资格，由排名靠前的检察官替补。从而保证点评专家始终保持最高的水准和积极性。二是出庭百科编辑。在试运行一个月之后，将出庭靠前的检察官或检察官助理中邀请担任。每名百科编辑都对出庭百科享有完整的编辑权，都可以对出庭百科进行全面的编辑，可以修改、删除或者重新分类，从而保证出庭百科始终保持最高的水准。百科编辑也是一项荣誉，并还要接受其他公诉人的评价，根据多轮评价累积的分值形成年度出庭编辑的荣誉。而百科编辑一旦在出庭经验值上跌出前二十名的排名，也将会失去出庭编辑资格，从而保证出庭百科始终是由最优秀的人员负责运营。两个角色的进入就使得出庭能力培养平台形成了一套自我运行的机制，无须太多的外部介入就可以解决大部分的问题。

由于出庭系统的评价是对每名公诉人日常的、大量案件的、长时间尺度的评价，与单个的出庭录像评审相比，显然更加能够反映公诉人的真实水平。由于引入了公诉人相互的点评机制，确实在出庭现场实时观摩，且其点评内容还要接受其他同行的审视，评价机制也必然更加公开透明和公允，因此，可以将出庭能力培养平台的经验值作为优公评选中出庭能力部分的分值参考。以此为导向，也可进一步激励公诉人积极做好日常出庭工作，从而使优公评选与日常办案结合得更加紧密，进而更加有利于促进出庭质量和办案质量的提高，也使优公评选机制的权威性和公认度进一步提高。

出庭能力培养平台是互联网思维在出庭管理工作的实际运用。互联网思维的本质其实就是更加尊重每一个个体，通过大量个案的观摩点评、回复、讨论，使公诉人个人的真实能力得到确认；通过对每个个案的讨论交流，借助网络打破地域、信息壁垒，更好地整合共享出庭经验成果；通过各个环节的经验值激励和排名机制，以及优公评选的外部确认，创造系统内部的自我激励机制，增强公诉人的竞争意识，促进公诉队伍整体水平的提高。

互联网思维也是在打破出庭经验传播的壁垒。庭审本是最好的课堂，是证据、事实、法律最为集中的展示，是控辩能力最为充分的交锋，尤其是证人出庭增加、证据标准提高、庭审实质化加强，庭审风险增加，庭审情况瞬息万变，这种真实的环境是无法模拟的。而这么精彩的课堂就在我们身边，而我们却对它熟视无睹，长期以来，观摩庭审只作为偶然的、个别的活动存在。公诉人个人纵然勤学好问，贸然旁听其他公诉人的庭审也感觉突兀，且无相应机制衔接，跨院旁听更是难上加难。有幸跟上一个好师傅，周边有一两个好的公诉人，可以获得学习的机会，但是这些优质的公诉人资源非常稀缺，分布也极不平衡，十佳公诉人从个别院频出，而其他院多年也难以有所收获，其中一个重要原因就是出庭经验信息的不对称。而出庭经验的学习是一种体验式的学习，不亲自感受无法充分体会。再加上近年来优秀公诉人离职情况的增加，这些出庭经验就顺道被打包带走，除了一两个"亲传弟子"，其他人一概不知，如果"亲传弟子"再不努力，很多经验就面临逐渐"失传"的危险。总之，既有模式使出庭经验的传播范围受限，并使真正的上进者无法分享。出庭能力培养平台就是要打破这些瓶颈壁垒，并给予好学上进者以充分激励，使出庭经验得到更为广泛的传播，并对出庭经验的价值予以充分的肯定。

互联网思维也是在创造一种同行评价的机制。一个庭出得好坏，一个公诉人的能力到底如何，如何评价是一个大问题。长期以来，优公评选被人诟病的一个地方就是一定程度上形成了"考试能力与实际办案能力的脱节"，这一方面是由于考核成本问题，优公评选更加倾向于短时间内集中地评价和测试，从而使考核模式与日常办案模式异质化；另一方面是评价机制问题，为了体现中立性和权威性，优公评选的评价者更多是专家学者，这些专家学者虽然术业专攻，但并非办案的行家里手。而且更为重要的是，由于时间关系，评价的过程中也难以深入公诉人的办案日常细节，评价过程容易浮于表面。出庭能力培养平台可以一定程度上弥补优公评选机制的部分不足。原因有三：一是不实际观摩庭审者，不能进行点评，点评人的点评意见还要公之于众受到监督，如果指鹿为马，恶意诽谤或者胡吹乱捧，都必然受到其他围观公诉人的批评，而如果评价中肯，言之有物就可以受到同行称赞并能够以此获得更多的经验值激励，从而有利于实现公开透明和相互监督，促进评价公允。二是点评人也是被点评人，点评别人成败得失的同时，自己也要时刻准备接受别人的品评，也只有这样才能获得更多经验值，从而实现更高的排名。因此在每一次评价他人的同时，也不禁要反躬自省，自己能否做到？这样评价是否公允？三是长时间、大样本将降低偶然性和主观性。每个人都存在发挥失常的可能性，这在一次性考试中更加明显，但是评价一个人的能力不能看一案之得失。仅从个别的庭审看，也会存在观摩者与出庭者价值观差异大，虽然出于公心但也可能有背离真相的可能性，这在一次出庭、少量观摩者的评价中极容易出现。但是如果将时间尺度放大，综合几年间数百个出庭评价的总体情况来看，这种偶然性将大大降低，就不容易看走眼，将能够更加接近于公诉人的真实水平。

互联网思维还将创造一种更加公平广泛的人才发现机制。目前，公诉人的人才发现渠道是非常有限的，优公评选、办理大要案都只是小概率事件，对于更多的公诉人才还缺少有效的培养发现机制。出庭能力培养平台将使这些名不见经传的公诉人脱颖而出，虽然他们可能无缘与优公选手分享同样的培训资源和案件资源，虽然他们办理的可能只是普普通通的案件，但是只要他们肯学习，他们既可以观摩更多优秀公诉人的出庭，还可以通过点评讨论归纳总结并获得更多的经验积累，通过认真挖掘自己庭审的看点，吸引其他公诉人的注意，将小庭开出好效果，从而一点一滴地积累自己的经验值，通过勤奋来攀登经验值的排名阶梯，进而也收获自己的业内认同，并实实在在提升了自己的经验和能力。这些公诉人一旦脱颖而出，尝到出庭系统评价功能的好处之后，也必然使其他人争相效仿，加入竞争之中，进而提升公诉人整体的能力水平。而在整体能力已经提升的总体排名中，那位居前列的公诉人必然是真正的佼佼者，其能力水平也已经得到了时间的检验和同行长期的认可，因此具有很强的稳定性。这种机制将形成人才发现的天网，确保无遗漏、全方位、自动化地对公诉人才进行筛选，并具有很强的公信力。

三、初步成效

首先是降低了行政组织成本。以往每一次组织观摩庭，都要发布通知、组织各院报名、安排车辆、统计出席人员，由于观摩庭人员较多，还要协调法院相关部门。最后还要召开座谈会，有关领导出席，非常正式地点评、发言。在这种阵势下，出庭人员和所在院领导都承受了巨大的心理压力，一定要将"三纲一词"准备好，确保庭上一切顺利，最好不要有任何变数，出庭人员也是谨言慎行，按照既定套路开，重点放在规范性上，一板一眼，其表演性往往大于实质性。变数大，难度太大的庭，一般不会被选择作为观摩庭。但是在以审判为中心诉讼制度改革的背景下，庭审变数越来越大，所以传统的行政化组织由于考虑到效果、成本，往往视观摩庭为畏途，总体上看观摩庭的量上不去。临场应变、出庭实质化的内容也较少。出庭能力培养信息化平台改变了这种局面，降低了观摩庭举行的官方色彩，使得观摩庭被打造成公诉人相互学习、分享经验的平台，每次发布的预约席位不一定那么多，三五个人也是可以的，动静不大，沟通和组织成本低，出庭人员心理压力也没有那么大，也不用特意地挑选那种完全没有波澜的庭审。就是正常出庭，顺便邀请几个同行进行学习。交流也是非官方的，但却是更加坦诚和有效的。这种涓涓细流看似不大，却有汇聚江海之势头。

其次是极大地降低了信息交互的成本。出庭信息是一个海量信息，而且短期有效，等传播到需要的公诉人手中，并确定自己确实有时间可以去的时候，往往已经失效了。而且这里边有一个重大行政门槛，跨院沟通存在重大的障碍，成本很高。如果在全市内动态汇集、动态发布，人工的成本又极高，即使在一个院都很难做到。发布的观摩庭信息是否符合出庭人员的意愿，又是否对旁听人员的胃口都成为极大的问题。在这种海量信息、动态发布、动态匹配上，其所产生的海量成本是传统的人力组织模式无法承受的。只有通过出庭能力培养信息化平台才能使这种信息交互成本降下来，发布模式由集中汇总型转变为出庭公诉人发布系统自动以日历、地域、发布时间等维度进行组织，系统自动关联案件基本信息外加公诉人填写出庭看点为旁听人员提供筛选的依据，旁听人员在海量但有序的出庭观摩信息中选择自己感兴趣的庭自行预约，预约之后其联系方式将自动在出庭信息下方列明，方便出庭人员与其进行联系。系统还可以自动生成出庭观摩确认单，方便请假并计入工作量。

出庭能力培养信息化平台转变了以往信息化作为办案辅助的应用模式，转变为能力鞭策的工具，不是要替代人而是使人变得更好，这也许就是司法现代化建设的一个新的重要维度。出庭能力培养是体验性比较强的知识，非亲临现场很难学到真东西，简单看出庭录像也只能学其皮毛，出庭能力培养平台就是帮助公诉人方便地获取这种体验机会。我们可以想见，每年日常举行 1 500 场观摩庭的城市，与每年举行 100 个观摩庭的城市，几年之后在出庭能力上将有怎样的差距。

目前来看，这一系统在较大的城市和城市群落依托便捷的城市交通和城际轨道交通都有较大的价值，未来在京津冀、长三角、珠三角有望实现跨区域的出庭经验共享。

这不是模拟的，我们来真的

近几年，在大专院校盛行的模拟法庭也在检察系统中流行开来，并被命名为"实训"，试图成为提高实务能力的主要培训形式。但是这些适用于大学校园的培训形式，并不一定适合已经具有实务经验的司法工作者。

为什么我们不能来真的呢？再真实的模拟也抵不过真实本身啊？放着这么多真实的案件，我们为什么要舍近求远？北京每年有两万件刑事案件需要出庭，这些庭审我们有没有充分地利用？

我们为什么不能把真实的案件直接打造成学习的舞台呢？当你在模拟的法庭上拼命演绎的时候，试问你在真实的公诉席上是否每次都如此用心？

为什么在推进以审判为中心的诉讼制度改革的背景下，出庭能力的进步仍然如此缓慢，这里面是不是存在一些机制性的问题？

没有合适的培训方式是一个原因，缺少利益激励机制是另一个原因。庭审形式化，冰冻三尺非一日之寒，它是侦查中心主义和司法行政化共同的产物，在这样的背景下，庭审从来也不是重点，既不是决定案件成败的关键，也不是决定检察官成长进步的关键，自然不受重视。

另外，由于它具有体验性，也不适合文本化、书面化的行政管理模式，因此也难以有效纳入行政管理范围，多年来成为行政管理的黑箱。有限的出庭观摩和出庭检查由于样本数过低，行政成本过高，无法普遍性地开展，因此也无法发挥有效的管理作用。因此，一个现象就是出庭问题年年说、年年犯，而且目前还仅限于对出庭规范性的考察，对怎么把庭出得更好的问题，更是无法有效触及。

此外，以审判为中心的诉讼制度改革的脚步从未停止，庭审实质化、公开化的程度日益提高，辩护人施展的空间越来越大，由于激烈的竞争，辩护人的素质也在不断提升，辩护人日益强大起来。

一个有趣的现象是，有的时候一流的检察官竟说不过二流的辩护人。但是在检察机关籍籍无名的检察官到了律师队伍，反而一下子又打起了精神，究其原因，实际上就是竞争机制问题。

律师行业要遵循基本的价值规律，优胜劣汰立竿见影，一个庭出得怎么样，一个案件办得怎么样，当事人及其家属都看着呢，社会公众也有评价，如果公开庭审则受众更广，这将直接影响其本人的声誉，从而影响其身价，名与利直接可兑换。

所以，看到摄像头，律师往往会两眼放光，因为他深知他的表现将被放大，他将收获巨大的声誉，而任何的退缩和怯场都会被评价为软弱无能。律师的收入、名望和地位就来自于庭审，以及以庭审为中心的委托人、同行和公众评价，而不是其他。同行之间比拼的就是这种评价，谁获得的影响更大、效果更好，谁就处于领先地位，从而获得更多的案源和收益。

但是检察官的激励机制不在此。首先，检察机关更加看重的是结果而不是过程，即使过程也主要是庭前的过程，因为对案件的决定在庭前，汇报在庭前，行政化的审批流程在庭前，上级也是通过庭前的这些流程来了解下级的能力和水平。

至于庭审，由于缺少改变案件走向的决定性影响因此很少被关注，关注的也是只是那些个别的案件，关注的时候也主要是看是否在庭审上落实了领导的决策，检察官为在法庭上落实既定的决策，有时候可能罔顾庭审的变化，仍然照本宣科，经常被嘲笑为书生气和死板僵化。但是在瞬息万变的庭审之中，在灵活应对庭审和坚决执行领导意图两者之间，检察官往往选择了后者，因为谁又能保证自己的应对就是对的呢？在那个需要即时作出反应的场域，只要你稍微犹豫一点，在气场上也就输了。当然这种案件毕竟是少数。

对于大多数的庭审，是处于一种无人关注的状态的，没有任何同行旁听。在没有行政安排的情况下，同事之间也不便相互旁听。这些案件就成了管理黑箱，检察官普遍缺少一种竞争性的意识，而且这些案件的庭审效果也无法纳入考核评价的依据当中，无法成为检察官执法档案的一部分，更不要说相互比拼。

人是被工作塑造的，当你习惯于宣读公诉意见、使用讯问提纲进行讯问、查找答辩提纲作出答辩，你就会成为那个"闷着头"的公诉人，即使有一个公开庭，紧张的时候你也会下意识地低下头，也不知道在看什么。

但是另一方面，辩护人习惯于被法官要求阐述辩护要点，书面意见庭后提交法庭，被强迫作出一些即兴表达，即使你们是同一水平的同学，由于你们坐在法庭两边，工作要求不同，时间长了你们的区别也会日益拉大，而且显然你也没有对面那种生存性的压力。我们的问题就是我们缺少这种竞争性的压力。一方面，人具有天生的惰性，没有压力轻飘飘；另一方面，人也有向善、向上的一面，只要我们有好的制度，就能激发出人类的正能量。

针对这些问题，我们需要一个一揽子的解决方案。出庭能力培养平台就是要解决这些问题。那就是通过信息化的手段，充分利用真实庭审作为培训资源，并由同行来评价，出观摩庭和旁听观摩庭都可以获得经验值的回报，并据此进行排行。

就是将竞争机制引入出庭工作之中，让出庭成为一个值得关注的环节，并且可评价、可量化，对任何有可能提升出庭能力和出庭经验的环节，都会给予经验值的汇报，比如出庭、观摩、点评、撰写出庭百科等，这些行为不仅有利于本人出庭能力的提升，也有利于整体出庭经验的系统积累，将出庭经验固化下来，使更多的人，尤其是年轻人受益。

只要是一个勤奋的，有进取心的人，不管你是否是十佳比赛的种子选手，不管你在郊区和还是城区，只要你愿意，都会获得与你付出相当的收获。你可以利用城市化便捷的交通工具，去任何一个地区旁听，只要你有时间，就可以尽量地多听。

这些都是你自愿的，没有任何人的强迫，而只有自愿的学习效果才最好。因为你知道你的每一次付出都会被计量下来，并累积成为你的经验值，成为你的排名依据。只要你愿意付出，每个人都可能成为年度公诉人。

我们只是以最小化的行政介入启动这个系统，就是要求每个员额检察官每年最少出一个观摩庭，每个观摩庭的观摩席位不能少于三人，至于要不要定更多，那全是你的自愿。开始的时候可能只是有个别的年轻人成为吃螃蟹的人，但是随着吃螃蟹的人多了，口碑会扩散开来，我们是靠口碑来进行推广的，而不是行政命令，因为我们深知行政命令可以约束人的行为，但无法调动人的内心。

我们要做的是顺应人性，因为我们每个人都知道认真出庭有好处，旁听一些好的观摩庭有好处，我们只是给他们一个理由，一个平台，一个可以衡量他们付出和收获的标准，使他们看起来就像在玩一个游戏，但是他们获得的是真实水平的提高。

因为我们都知道只要有一个人来听我们的庭，我们就会更认真一点，你每次都认真一点点，日积月累，你的出庭水平自然有所提高。

而且你每一次出庭都会被评价，也许你开始的时候找的是两个熟悉的同事，给的是相对高的分数，但这不是长久之计，别人不可能老帮忙，我们也会从算法上限制你的这种帮忙的行为。在激烈的竞争中，区区几次出庭是无法帮助你在榜单上获得很高的位置的，你要想上位就必须大量地出庭、观摩、评价，你不可能老是找人帮忙，最后你会发现，与其找人帮忙这么麻烦还不如自己好好干，好好出庭，这样你还可以得到实实在在的提高，以及与之相当的行业声誉。在大量历史数据的积累过程中，主观性的评价会被相互抵消，形成中间值回归，你出的庭越多，你的数据积累越多，就越符合你的真实水平，这就形成了中间值的回归。

为了保证同行评价的客观性，我们还创设了二次评价的机制，就是评价本身并不会自动得分，只有评价被人赞同才能得分，有多少赞同才会得到多少相应的分数，当然这个分值的基数显然要低于出庭分值的基数。这就鼓励评价人客观地评价。盲目地讨好和武断地指责都不会获得太多的赞赏，因此是徒劳的，只有客观、精当、有价值的评价，才可能获得大家的认同，从而获得更多的分值。

对于观摩人的评价，检察官也可以进行回复和解释，甚至可以作出自我评价，从而检讨不足和自我解剖。其他围观群众也可以进行二次评价，围绕已经作出的评价，发表自己的意见。我们的系统要求只有亲自旁听的人员才有资格作出出庭评价，其他人只能做出二次评价。

通过评价、回复、二次评价以及对评价的赞同，形成了一种评价约束机制，保证评价的客观公允。我们不是根据评价的数量而是根据评价的含金量给分，通过这种积分方式来制约评价人作出高质量的评价。建立在高质量评价基础之上的出庭档案，自然公信力也更高。

这就像电商平台的信用评价机制，不仅有积分，还有具体的评价细节。对于检察官本人，收获其实是最大的，因为在每一次评价、回复的过程中，都可以发现自己的不足，并会不断弥补，如果没有及时改进，这个评价也会像无形的鞭子一样抽打你："上次跟你说了，怎么还没改？"一想到这些就再多打起一分精神，出庭能力就是在这种鞭策下提高的。

观摩是另一个维度的提高，不仅是出庭人受益，旁听的人也受益，即使是这个庭不好，也会收获其中的教训，在批评别人的过程中，也是警示自己。而且，我们在选择观摩庭时，往往还是要挑好的庭去旁听，也许友情出场几次同事的庭，但大多数情况下我们还是会自己选择，这就像看电影，我们不能忍受烂片。

开始的时候我们会追逐明星，专门找那些十佳的，已经功成名就的检察官的庭去听，就跟着他们学，再后来我们品位提高了，我们会去找那些有影响力的庭或者那些有意思的庭来听，从追求人到追求故事。

那些名人和有影响力的庭可能会一票难求，不得已我们就要扩大搜索范围，甚至从城区扩展到郊区，从名人扩展到那些新秀。在这个过程中，很多初出茅庐的年轻人为了吸引别人来听，也会认真撰写出庭看点，从而吸引其他人来听，从而出庭交流的范围会日益扩大。

但是开始的时候，从宏观上看，先进院和上级院可能主要会成为出庭经验的输出院，远郊区院主要是出庭经验的输入院，但是无论是输出还是输入，都可以获得相应的经验值，只是出庭的基础经验值要大于观摩的基础经验值，这也是与贡献率相匹配的。

即使开始的时候你并不能吸引太多的人来听的你庭，但还是可以通过大量的旁听来提高自己的经验值，好比说，出一个三人席位的观摩庭的基础经验值是 3 分（每增加 1 人旁听增加 0.5 分），旁听一个庭审的基础经验值是 1 分，这样的话旁听 3 次庭审也可以获得相当于出一个小观摩庭的经验值，别人出 10 个小观摩庭，我听 30 次庭审，最后的分值也是相当的。撰写优质的评价和出庭百科也可以获得分值，就是总结出庭经验也可以有所回报，当然这些都是以赞同数积分的，比如评价的赞同数每次计 0.1 分、出庭百科每次计 0.2 分，写 6 条中等质量的出庭评价，每个评价平均获得 5 个赞同，也可以获得 3 分。

那些在出庭能力不占优势的院和检察官可以把重点放在学习和提炼经验上面，通过大量的学习和积累把出庭能力提高上来，而这些也会获得相应的经验值回报，只要你足够勤奋也可以实现弯道超车。每个人都要根据自身的情况考虑自己的策略，当然这也符合了真实的实际情况。

那些通过超额付出实现弯道超车的检察官又会获得新的优势，他们可以通过排名的领先获得影响力上的优势。这主要有两个方面。

一是从经验输入型向经验输出型转变，从而提高自己的经验值，提升效率。因为出庭的基础分值高，而且旁观者越多，分值就会越高，因此经验值获得效率高，因为这个庭你反正是要出的，多来一个你就赚了，但是能获得多少"票房"收入取决于你的影响力，以前没有名气的时候没有多少人来，现在有了名气来的人就会增加。但是由于刚刚获得知名度，还并不是十分稳定，而且由于地处偏远还有一个距离障碍的问题。但是只要足够吸引人，这些都不再是问题。

二是形成了自我绑定效应。这个排名是动态的，可谓不进则退，任何人都无法躺在过去的成绩上睡大觉，好不容易弯道超车形成的优势，只要稍不留神就会被赶超。因为你行，别人也行，这就是竞争，是个无休止的游戏。而且上去再下来，脸面上也不好看。它会激发你内心的荣誉感，并努力去捍卫自己的荣誉。虽然形成了一些优势，但还要不断地进取，还要再开观摩庭、再旁听、再写评价，还要想方设法写得好一点，最后把它提炼成出庭百科，这样基础分值还高一点点。

因此，你会被荣誉感绑定在前进的战车上，只能前进不能后退。而你形成的弯道超车效应对已经功成名就的检察官也形成了一些冲击，这会刺激他们的自尊心，从而对他们形成了一种新的鞭策和挑战。通过反复的竞争，这个系统会日益热络，关注度也更高，参与者会更多，竞争的激烈程度也会不断提高。在这种比学赶帮的过程中，无论是后进的还是先进的，无论是年轻的还是资深的，无论是郊区的还是城区的，大家都得到提高了，但是提高最多的还是那些付出最多的人，因为这一切经验值都在度量着。

而且大家还形成了一种业务上的交流，很多时候虽然是三五个人，也不一定在会议室，可能就是法庭内外，站着聊一聊，在网上评一评，不一定很正式，但是交流是真诚的，收获是实在的，是点点滴滴的，也可以汇成溪流，滋润我们每个人，并可以建立长久的联系，形成业务上的朋友。这些出庭经验通过评价、出庭百科的形式，由于经验值回报的激励，也将汇聚成出庭知识的海洋，供大家无偿地分享，因为这本来就取之于大家，自然要服务于大家。这些宏伟的蓝图为什么会成为可能？因为它们顺应了人性，它们给了检察官以驱动力，并激发了他们的进取心，在出庭工作这个领域引入的竞争机制，从而才加速进化和迭代更新过程，我们只是顺应了自然规律。为什么改革开放的今天能够取得那么多的成就？竞争机制是一个重要的原因，我们只是一种效仿。

除了竞争机制之外，在系统的运行之初我们还增加了一些引导性的机制，使竞争能够呈现良性的轨道。我们会邀请20～30位资深公诉人作为点评专家，这些人很多都是公诉部门的负责人，他们的点评意见可以被置顶，他们预约庭审时不受名额限制，但是每一个庭审最多只能由一位点评专家预约，从而保证点评专家尽量分散到更多庭审中去，从而扩大他们的影响。他们通过线上线下的点评，为其他公诉人作出示范，引导形成合理的评价标准。

点评专家既有权利也有义务，每年还要出1个示范庭，以作为行业示范，同时还要旁听5个观摩庭，发挥点评引导作用，其中2个为外单位观摩庭，从而增加交流。如果不能完成，点评专家资格会在第二年被自动取消，由排名靠前的出庭检察官替补，从而也形成一种压力，并进而督促本院出庭观摩工作的开展。经过一年的洗礼，排名前几位的出庭检察官也已经形成了一些知名度和公信力，也能够胜任点评专家工作。而且这某种意义上也形成了一种荣誉。

除此之外，排名前二十的出庭检察官及助理还会受邀成为出庭百科的编辑，从而掌握编辑、修改、删除出庭百科的编辑权，这些都无形中增加了排名的含金量和系统的新引力，从而吸引大家把庭出好，通过观摩、点评、撰写出庭百科，积累出庭经验，进而自发地提高自身的能力和水平，这些都没有额外的付出，这些只是工作本身。

有些人诟病一些系统内的比赛，没有反映真实的业务能力，只会比赛不会办案。而我们创造的这个评价机制，评价的就是办案本身，看似虚拟的经验值都是通过实打实的出庭、观摩、总结累积下来，日积月累，自然与真实的出庭能力越来越接近，由于彻底公开、透明、客观的评价所积累的出庭档案，也更加全面地反映了一个人的出庭水平。

这个评价系统在提升个人和群体能力之外，还会发挥人才选拔和发现的功能，每一个希望获得进步的人都可以获得提升的机会，我们不会放过任何一个勤奋进取的人，每一滴汗水都有经验值的回报，进而也扩大了我们人才选拔的范围，我们在人员提拔、调配的时候也有了更加全面、真实、可靠的依据。

对这一切的实现，其实我们并没有做什么，我们只是把真实还原了而已。让本该如此的如此而已。

人是第一维度

数据很宝贵，但人才是第一宝贵的，人永远是互联网的第一维度。

互联网看似是计算机的链接，其实是人通过计算机的链接，离开人互联网将失去意义。

数据再庞大，如果对人没有用，也是垃圾，或者说就根本积累不起来。微信的大数据并不是靠行政命令积累起来的。

如果我们忘记这个原则，很多看似美好的项目就会失败，很多互联网的产品都已经烟消云散，很多体制内的系统非但没有促进人的发展，反而制约了人的发展。

系统是死的，人是活的。系统不会自发地发挥作用，目前人工智能也没有达到这一步，让系统发挥作用的是人。这个人不是少数的决策者，而是系统的使用者，是用户。

马化腾说，没有口碑的时候，不要滥用平台。就是这个意思。

积累数据第一位的并不是用来服务领导决策，而是服务用户。有价值的数据作为一种智慧成果是无法通过强迫的方式得到的，智慧需要发自内心的自愿才能贡献出来。

系统的目的也不仅是累积数据，而是交互、分享和相互促进，是实现人的链接，数据的累积只是副产品。

系统只是工具，只是平台，人才是目的。

只有顺应这个原则的，才是好的系统。

事实上，在体制外有市场规则，对互联网产品可以实现快速的优胜劣汰。但体制内缺少一种淘汰机制，系统的迭代更新比较缓慢，会出现很多僵尸系统，不好用的系统，很多都不是使用者真正想要的系统。它们短期内还会存在，但从长远看，这些系统也终将被历史所淘汰，竞争法则是普遍性的进化规则。

我们就是想做一个公诉人想用的系统，因此我们就要从公诉人的维度出发去考虑，注重用户体验，说到底就是要顺应人性。主要有以下三个心法。

一、平等、自愿

平等是自愿的前提，在这里不存在体制内的等级，每个人都是平等的，无论地域还是职务，谁也不能命令谁，每个人都可以出庭，每个人都可以旁听，每个人都可以进行评价与回复，实现平等的沟通。就像我们建立的 500 人公诉人联系群，虽然有群主存在，但大家都是平等的，如果群主权力长期不用，大家就可以忽略他的存在，可以进行开诚布公的交流，只有开诚布公，人们才会建立信任。

平等会使得每个人的独立性受到尊重，从而激发出发自内心的热情。这种热情就是自愿，没有人强迫你一定要发布一个什么观摩庭信息，你是自愿发布的，没有人组织一个观摩庭审，而你却大老远地跑过去，没有人要求你打这么多字进行评价，或者写什么出庭百科，原来让你写信息你都老不愿意，但是你现在却废寝忘食。这一切都因为，你愿意。就像，没有让你刷微信，但是你却乐此不疲——很多人颈椎都不太好了（当然我们不鼓励这样），因为你愿意。这种自愿是如此强大，简直无法抗拒。

这就是人性的力量，就像包产到户，同样的人、同样的地，不一样的产量。这就是人的解放。所谓解放生产力，就是在解放被压抑的人性。我们也是在解放被压抑的司法人性。但是权力天生就有控制人的冲动，有权力但能控制住权力的冲动，是权力者的最大操守。我们可以发布行政命令，可以考核通报，但是我们知道这样做的效果微乎其微，不能在人性的大海中激起任何的波澜。只有激发人内心深处的进取心，才会实现真正的进步。激发他们的不是命令，而是自发的荣誉感。我们要的就是这种真正的进步。

二、分享有偿，立即兑现

人是趋利的，这个利不一定是钱，也可能是名，是荣誉。拿破仑说，给我足够的勋章，我能征服世界。人是有荣誉感的，因为人是一种社会动物，渴望受到同类的认可。人是通过实现社会价值来实现自我价值。

但是这种认可，需要一定的载体。我们就是创造了这样一个载体和一系列的规则，让每一份对出庭经验的贡献都得到相应的经验值回报，包括出庭、旁听、点评和出庭百科的撰写。通过这种激励，既实现了个人出庭经验的积累，也实现了出庭经验的共享，这也是共享经济的原理。不仅仅是汽车、自行车、房屋可以共享，经验知识更加可以共享，通过出席法庭这个平台，这种体验也可以实现共享。

付出就有收获，付出多少就能收获多少，多劳多得，少劳少得，经验值也要按劳分配，这种分配不仅体现在数量层面，还体现在质量层面。因为，要以旁听人数和评价高低计算出庭分数，点评意见和出庭百科要以赞同数来计算分值。我们就是要鼓励高质量的出庭经验积累，越是用心收获就越大，在数量的基础上又进一步提高质量，实现经验积累模式的升级。这就是形成了基本的激励机制。

但最重要的一点还是要能够做到立即兑现，这就是虚拟世界最吸引人的地方之一。现实世界往往需要复杂的规则和等待，这样虽然最终也会有收获，但等待时间越长获得感就越少，相反，等待时间越短获得感就越长。通过虚拟平台可以实现获得感的最大化。虽然，这些荣誉与现实的荣誉相比，没有那么大的影响力，但是由于给付得足够快从而弥补了获得感的不足。而且其实所谓荣誉本身就是一个抽象的东西，无论是线上的还是线下的，只要你在意它，它就重要，越多的人在意它，它就越加重要，也越加有影响力。荣誉本质上还是一种认可。除了经验值，我们还打造了一系列的徽章体系和排名体系，荣誉最终还是要通过比较实现的。

三、规则透明，公平竞争

人都有分别心，就是要比个高下，只要规则透明，竞争就是公平的，竞争的结果就会被广泛认可。人类就是在竞争中获得进化的，公诉人也只有在竞争中才能实现自我迭代，通过比较发现不足，通过比较挖掘潜力，通过比较还可以获得荣誉和认可。

但是竞争要先有规则，规则就是一系列的算法，我们侧重将经验值激励放在出庭领域，单次出庭获得的经验值自然要远高于旁听和撰写出庭经验，因为最终还是要提高出庭能力。我们鼓励学，但我们更鼓励做。但是，如果学得足够多，撰写的出庭经验足够多，也可以获得很多经验值，因为它还可以同更多人分享，不仅使得自己收益，也使得大家收益，从总体上增加出庭经验值。出庭能力不能自己提高就完了，还要有助于整体提高，因此，这些我们也要激励。我们的重点是通过算法防止人为的刷经验值，使经验值反映真实付出，为此我们设计了很多信用算法规则。

而且这些规则都会提前公布，每一个人都可以了解，都可以根据规则对自己的行为做出预判，对自己的工作学习做出规划。由于这些经验值汇集的排名也是实时的，这就形成了公开透明的竞争机制，你知道别人怎么超过你的，你也知道可以怎么超过他，在竞争过程中必然形成一定的压力氛围，从而调动最广大公诉人将最高的热情投入其中，无论你最终的排名如何，总体上都会有所提高。但是为了排名靠前，付出必然更多，收获也必然更大。

总体看，我们还是在顺应人性，虽然竞争激烈，但可以通过我们的系统获益，发自内心地觉得这个系统有用处，才会用这个系统，才会在意这个系统，这个系统也才会真正有价值，才会有生命力和影响力。

虽然是在体制内，我们也希望能够通过口碑，而不是行政命令，来进行推广。做一个公诉人需要的系统，而不是招人烦，这是我们的最大心愿。

地缘优势 vs 模式优势

北京有着天然的地缘优势，但并不是什么事都做得好。

在信息化的时代，地缘优势正在让位于模式优势。如果不能将地缘优势转化为新的模式优势，就有被赶超的危险。

这是为什么？

地缘优势是历史性产物，是由独特的政治、历史、地理原因形成的一种天然垄断，是对人才、技术、资金、机会的一种优先权。在计划经济时代，这一切几乎是不可改变的，这种垄断性的优势是一种无法跨越的鸿沟。随着市场经济的发展，各种要素正在重新进行配置，尤其是信息时代，随着互联网的普及，地缘优势的根基正在发生动摇，模式优势正逐渐发挥出后发的聚合效应。最典型的就是深圳、杭州的赶超，北上广深逐渐被北上深杭替代。

没有谁是永远不能被替代的，北京也一样。

作为在北京生活和工作的人，更应该深知这一点，应该有这种危机感。

历史上古都很多，现在不见得都是发达城市。

这就是进化论。

公诉工作也一样。

近年来，大要案在各地开花结果，原来省部级案件原则上在北京办理的时代已经一去不复返了。同样的，各地公诉人才也呈现出发散型的趋势。就出庭而论，通过近年来的跟庭检查，我们得出的印象是，老问题常说常有，整体水平并没有显著提高，已经无法满足以审判为中心的要求。相反，北京律师却愈加"咄咄逼人"。

北京公诉人并没有像北京律师那么让人"望而生畏"。我们确实没有打出足够的声威，我们要承认。

这是为什么？

原因当然很多，但是最重要的，我认为就是地缘优势已经逐渐被模式优势取代。

北京的地缘优势依然存在，每年都有最好的大学毕业生供其挑选，最优秀的学术资源拱卫其左右，这些随时可以转化为培训资源和研究资源，经济文化科技发展水平领先全国，新型案件层出不穷，作为世界城市具有无可比拟的全球视野，作为首都有着天然的政治优势，人才、声音可以及时与最高层交流。历史文化的积淀让这座城市深具学养，充满了文化气息和人文精神。交通四通八达，全国铁路网、高速公路网以其为核心铺就，作为最大的航空港喜迎各国嘉宾。更不要说密集、廉价的城市轨道交通使得出行极为便利。

在这座城市，如果我们做不好，我们应该怨谁？

是的，是模式出了问题。就像路况或者雾霾。

就像 eBay 中国被淘宝打败，就是像传统零售业之于电商，电信之于微信，出租之于滴滴，Yahoo 之于 Google，诺基亚之于苹果，迦太基之于罗马。

这是模式之争，不是英雄对决。

这是不同时代的竞争。

我们为什么要弄个出庭能力培养平台？我们的目标不是管理，而是实现司法管理的自组织，是将竞争机制引入进来，就像包产到户一样，同样的人但不一样的产量。

因为，我们知道这就是人性，是回避不了的。

再好的人在落后的体制中也无法发挥作用，但是普通人在优秀的体制之中也能被激发出最大的潜能。就像商鞅之法之于秦民，使其怯于邑斗而勇于寇战，最终变弱秦为强秦，扫六合而一统天下。

这就是模式的力量。

出庭能力培养平台只是一个模式，它是通过积分、排名激发公诉人自身的荣誉感和进取心；通过观摩、旁听、点评、撰写百科的同行量化评价，实现公诉人的自我管理和相互激励；通过打造自己的激励体系和荣誉制度，形成一套动态、实时、公开、透明的评价制度，实现公诉人的自我成长和自我迭代。尽量摒弃通报、批评、考核、考试等一切行政化的手段，实现游戏化模式的自我驱动机制。由外部驱动型向自我驱动型转变。

这个制度看似简单，其实体现出了管理层极大的权力克制和制度自信。

像这种模式性的创新，在各地层出不穷。湖北的大部制，江苏、深圳的信息化都发挥着巨大的制度性优势，并体现为实实在在的检察业绩。再比如法律自媒体，也是东南沿海先吃螃蟹，通过小小的微信图文，发挥着巨大司法舆论影响力。

这些优势并非不能复制。

比如，出庭观摩管理系统，只要依托便捷的城市交通，比如大中城市以及密集的城市群落，就像珠三角、长三角、京津冀都可以推广开来。如果庭审足够吸引人，做个小火车又何妨？

通过这一平台，公诉人自己可以实现广泛深度的学习交互，办案经验可能得到更大范围的传播累积，比学赶帮的劲头将突破狭窄的辖区地域，在相互的碰撞、比较、竞争当中才能取得长足的进步。

某种意义上，这是在打造公诉人的统一市场，就像律师已经逐渐形成了自己的统一市场。

这是一个不进则退的时代，任何既往的优势如果还带着骄矜之气都会被时代迅速抛弃。时代不会允许任何人坐井观天。

在这个时代，制度创新比任何创新都来得更加重要，因为，它才是真正的创新之母。

让我们不要辜负这个时代。

我们不是"封神榜"

"封神榜"当然是一个比喻。

它其实是姜子牙对神仙死后的追认，与其说是榜不如说是碑。

终身成就奖大体上算是盖棺定论了，因此效力差不多。

奥林匹克运动会每四年一次，冠军享有殊荣，主要是因为这种高水平的运动会成本高，不能天天举行，而且绝大多数都是有单一衡量尺度的比赛。

但是涉及综合竞技能力的比赛就要复杂一些，比如网球、高尔夫等比赛，就会有个人积分排名，足球、篮球会用联赛制，也有团体的积分，对于MVP或者"足球先生"这种个人荣誉也需要一系列的数据积累。这些设计方式都是在剔除偶然性，使人不用过于在意一城一池的得失，而是专注打好每一次比赛，体现运动员的综合水平。

但是我们司法系统内的一些荣誉评比机制，往往产生"封神"

的作用，一朝折桂，终身受用。至于以后办案能力是下滑还是原地踏步，已经没人关心了。

这产生了两个副作用：一是短期冲刺，不惜成本，比如封闭集训等，容易滋生为了比赛而比赛的功利心理；二是忽视日常办案，日常办案成绩、效果无法在比赛中充分体现，或者占比很小，这就导致办案与比赛脱节，与其办案不如准备比赛，会比赛不会办案的问题不断出现。

事实上，如果说要"封神"的话，也不应该这么急。如果只有其名没有其实，反而会破坏整个评价系统的公信力。

我们就是要解决这个问题，将评比与日常办案结合起来。

为什么竞技体育要搞动态积分值和动态排名？这就是要解决名实动态相符的问题。因为名只是反映一时的荣誉，并不能代表终身的成就，必须通过不断的后续努力来检验和维护，否则就应该被后来者超越。只有这种动态的竞争，才能反映每一个运动员当下的竞技实力。

我们就是要借鉴这种动态评价模式。

每一次出庭、观摩、点评、撰写百科都可以积累一定的经验分值，这些经验汇集起来就成为排名的基础。如果你希望提升排名，就需要更多出观摩庭、旁听观摩庭或者总结出庭经验，这些就是工作和学习本身，而这些点点滴滴的努力都会反映到经验值当中，就像 ATP（职业网球联合会）的排名。

ATP 的冠军积分方式：大满贯赛事（4 个赛事），每次积分 2 000 分；ATP 世界巡回赛总决赛（1 个赛事），每次积分 1 100～1 500 分；ATP 世界巡回赛 1 000 大师赛（9 个赛事），每次积分 1000 分；ATP 世界巡回赛 500 系列赛事（13 个赛事），每次积分 500 分；ATP 世界巡回赛 250 系列赛事（39 个赛事），每次积分 250 分；ATP 挑战赛（178 个赛事），每次积分 80～125 分；ITF 男子巡回赛（534 个赛事），每次积分 18～25 分。

我们的出庭能力培养平台也有类似的积分方式，而且更加精细。每一次出庭，以 3 个出庭席位为例，如果三为旁听人的打分平均为 80 分的话，就是 3×0.8=2.4 分，每增加一人就增加 0.5 个积分，如果是 10 个人出庭就是（3+7×0.5）×0.8=5.2 分；每一次观摩在完成评价之后可以获得 1 分；每一条文字评价或出庭百科，本身不得分，而是根据认可度得分，以赞同数积分，有一个赞同分别积 0.1 分和 0.2 分。

通过这些算法可以看出，我们还是更多地向出庭侧重，毕竟出庭是一项实践性的技能，再学习也还是要通过实践才能提高。但是我们也不能忽视学习和总结的作用，广泛的学习也可以有很多收获。比如根据分值来看，旁听 5 次庭审大约与出一个 10 人的观摩庭的分值差不多，如果仅靠评价和撰写出庭百科就要更多付出，而且没有旁听庭审是无权进行评价的。

通过这些算法，所有的努力、进步都被量化记录下来，都以积分和排名的方式体现出来，看得见摸得着，非常清晰，自己的进步一目了然，与别人的差距也是一目了然，可以精确地换算成多少次努力。

但是也不要忘了，这是一个动态的系统，别人不会在原地等你，当你迈出一步的时候，别人也可能迈出一步，甚至两步，这样的话你就永远也赶不上。如果想要赶上先进，就要超额的付出，就要大量的出庭和大量的观摩。这在以往都会成为一种巨大的负担，只要多搞几次出庭观摩的活动，你可能就会抱怨占用了办案时间，影响了结案。但是这一次是你自己在给自己加码。就像举重比赛一样，大家都在给自己加码。

因为你知道，这是你自己的比赛，这是你自己的积分和榜单，而不是别人的。无人督促，反而变成了最大的压力。

而这压力又幻化为动力。

即使你接触这个系统比较早，早先就占据了一个有利的位置，但是你知道那只是暂时的。而且这个暂时也许就只有几天，就像你发的朋友圈里的内容很快就会被顶下来。

而有些比赛却不是这样，上去了就是上去了，整个职业生涯都可以带着它的光环。这样说来，短期的集训更像是一本万利。

但是我们这里不会存在这种状况。

即使你上个月还在第一名，但也无法保证下个月还在前十名，当然跌到倒数也不太可能。但只要让你在第一个页面上翻篇就足够冲击你的荣誉感。原来还在前边呢，怎么现在突然找不着了？这就是动态排名的威力。

我们这不是"封神榜"，任何人也不能在这里躺在功劳簿上睡大觉。我们这是一个动态的流水线，上去了就停不下来。说起来挺残酷，但也很公平，因为只有你的下来，别人才可能上去，而别人成绩是靠实打实的办案和观摩得来的，你也没有什么可不服气的，只能怪自己不够努力。你只要随时想努力，也可以随时杀回来。

在这里没有谁会等，也没有任何一劳永逸的荣誉，所有的荣誉都只是反映当下这个时点的情况，而不代表下一个时点。

这种动态的积分排名是一个办案、学习、经验积累的无限循环。从总体上提高了出庭的认真程度、学习的评论和经验累积的数量和质量，这些都是个人相互比拼的结果。从这个出庭丛林里杀出来的公诉人就像从战场下来的战士，每一个人都是实战的结果，他们的小积分反映的都是实打实的出庭实力，随时可以拉出来遛遛，因为这就反映了他当下的水平，而不是五年前、十年前的水平。这就是当下的水平，如果当下的水平不够，他很快就会被后来者挤下去。

这个系统对后来者，就是新人，也有特别的好处，他们可以与资深公诉人几乎在一个水平上竞争，新人也存在反超的机会。因为，每一年出庭经验都会被清零，都要重新开始。即使你原来很厉害，很努力，积累的分数拉出别人一大截，但也顶多是在这一年有用。新的一年开始之后，一切都要从零开始，从而所有人又都回到同一个起跑线，新的奔跑又要开始了。

集训在这里没有意义，虽然一时可以冲高，但只要放松就会跌下来，在这里，功夫要用在平时。

就是回归平时，回归办案的本质。

在这里没有神，只有积分不止、出庭不息的公诉人。

治标还是治本

出庭不给力，怎么办？

领导重视，出台意见，加强跟庭考核，加强出庭观摩学习，加强公诉人培训，这些都是治标的措施。拿跟庭考核为例，每年跑二三十个庭，虽然也都认真地点评，公诉人也认真地接受，但是对于北京每年两万起案件的庭审规模来说，样本太小，难以掀起波澜。

组织出庭观摩，选择都非常慎重，一定要有代表性，公诉人要精心准备，各院都有一定的代表，还要联系大法庭，要协调安保、车辆、后勤保障，之后要开座谈会，发布信息简报、图片新闻，规模宏大、成本高昂。这个成本主要是行政意义上的，组织者很累，参加者也很累。领导参加，正襟危坐，交流的过程中要注意分寸尺度，而且由于人员众多，大部分主要是听众，不可能每个人都畅所欲言。关键是有很多话，当说不当说的，也不好敞开心扉，说深了算是"扎针"，说浅了又不能解决问题，因此很多人最后选择不说。因此总体来看由于形式过于正式反而影响了交流的效果，重要的是一年也组织不了几回。

加强公诉人培训，一是受众有限。二是内容有限。三是形式受限，即使是实训对真实环境的模拟也有很大的局限性。四是成本较高：一方面公诉人要专门抽出整块的时间，一般往往是一个星期，如果不是课程特别有吸引力，有经验的公诉人是不愿意参加的；另一方面，组织成本高昂，前期课程设计、联系师资、场地安排，劳心费时，而且需要大量的组织人员保障会务。

领导重视，出台意见，能够从理念上推动一时，在局部产生一些阶段性的影响，但政策如果没有载体很难持续，很容易被下一项重点工作转移注意力，随后大量日常的出庭工作仍然会按照惯性继续进行，因此就产生了问题常说常有、年年说年年有的怪现象。

这些现象产生的原因就是没有考虑制约出庭能力提高的根本性问题，这主要体现在两个方面。

一是出庭没有被纳入检察官的绩效评价体系。一方面是出庭作为过程性、体验性的经验，不容易量化，不容易被评价；另一方面，目前的办案评价体系主要是结果意义上的，主要是看结果，并不十分注重过程。结果是无罪，那就要复查，甚至负面评价，对于办案人员在过程中是否努力，是否尽职，往往并不十分关注。相反律师的评价很多时候是结果和过程兼备的，很多律师会邀请家属旁听庭审，虽然不一定能够改变结果，但是过程如果精彩也可以得到认可。如果是庭审直播或者有新闻报道，律师就会更加努力，因为这个过程会被大家看见，虽然不一定能得到理想的结果，但我们都相信每一个人心中都住着一位法官。

其实，公众对检察官的评价也是一样的，即使不一定最终能得出有罪的结论，但是公众能够看见检察官对正义的孜孜以求。正义从来不仅是结果是意义上的，也是程序意义上的，是过程意义上的，谁说法官就一定对？而且检察官的职业属性要求其必然要保持一定的张力，这种张力也要有一定的说服力，这种说服力就体现在庭审之中，这其实就是检察制度人格化的公信力。

二是泛行政化使出庭经验积累处于孤岛效应之中。如果你身边有一个好师傅说明你是幸运的，如果你身边有一群好的榜样，你就更是幸运儿。但是工作的起点很多时候并不能自己选择。即使那些幸运儿，也不一定能够轻易分享到其他优秀检察官的出庭经验。官方的交流通道往往有限——前面已经说了行政成本问题。

另一个问题就是在泛行政化的检察机关，个人的沟通能力极为有限，即使你有主动性，如果没有相应的平台和机制，在跨越部门、跨越单位观摩一次庭审的时候都要付出高昂的沟通成本，而且对于很多检察官来说这些都是不可逾越的鸿沟。就是由于这种行政分割使得每一个公诉人几乎都成为孤立的个人，如果官方不组织培训、交流，个人想要私下里组织交流学习是非常困难的。但约饭往往要比这容易得多，不信你可以试试。

这就是制约出庭能力提高的病根，如果不解决这两个问题，是无法产生治本的效果的。出庭观摩管理系统就是要解决这些根本性的问题，形成一种制度化的长效机制。

首先，它形成了一系列的规则，将出庭效果第一次做到可量化，不仅单次的出庭效果可量化，而且多次出庭的积累也可以量化，不仅出庭可量化，观摩庭审、出庭经验的积累也可以量化，这些量化汇总成为相应的出庭经验值，最终还要形成排名。虽然这些排名和经验值不一定要纳入检察官业绩考核系统，但是只要大家有个比较，就可以激发每个人的荣誉感。

其次，这个系统形成了一种制度化的机制，鼓励每个人出观摩庭或者旁听观摩庭，通过信息化手段形成一种相互预约庭审的平台，使得出庭观摩预约像买电影票一样容易，并通过制度化的平台机制彻底打破行政壁垒，不仅使得相互预约成为理所当然，而且变得值得鼓励，个人相互预约庭审从不可逾越的鸿沟，变得简单易行，极大地降低了行政化组织庭审观摩的成本，从几十起官方预约扩展到成百上千起私人预约。从官方组织官方评价，变为自我组织自我评价，很多拿不到台面上说的话，可以私下里交流交流，相互伪装的面具可以完全摘下，私人的、随意的、不经意的交流、碰撞，使公诉人之间可以成为朋友，使得公诉人之间的交际网变得日益多元和丰富，在真诚的交流当中才能发现实实在在的问题，在不经意的碰撞中才能擦出智慧的火花。确实，智慧在民间。这些小组织、小交锋、小碰撞，就是司法管理的自组织，也是公诉人经验传递的真正链条。就像 DNA 的不断分化重组，在这个过程中，公诉经验也在不断地迭代更新，公诉人也必然会加速进化。这就是公诉人的进化论。

再次，人性是运行系统的原动力。出庭公诉第一次变得不再是简单的工作，而是一种经验的积累，或者业绩的激励。这种激励是直接的，看得见、摸得着，可预测、可计算。这种直接、即时的激励，虽然不具有行政进步的意义，但足以支撑人的进取心，你的每一点进步都会被完整地记录下来，就像走步的手环、游戏的点数、银行的积分，你可以说它没什么，但只要你在乎那些跳动的数字就说明它有意义。而且这就是你出庭经验的一点一滴，怎么会没有意义？正是因为这种记录，让你觉得在每一次工作、学习、经验积累中都获得实在感，每一次付出和努力都变得有意义，并且能够换算成你在公诉人群体中的影响力。尤其是排名靠前的荣誉感，可以获邀成为点评专家或者出庭百科编辑的自豪感，这都是一种无形的动力。这些看似虚无缥缈的东西，只要你在意，它就变得实实在在，也就是人性的基本原理。

最后，系统较之书面意见具有天然的制度稳定性。因为书面意见要有人来执行，而系统由计算机来执行。系统本身就是一套规则，只要在这个系统上运行就要遵守这个规则，这个规则具有天然的稳定性，而这个稳定性就是治本的药方。只要系统一日不被废掉，规则就要一直不打折扣地执行下去，不存在人为执行意见的边际递减效应。系统还具有动态性、复杂性和及时性，它可以包容多重规则，只要规则符合逻辑都可以并行不悖地执行，并将执行的结果立即反馈出来，能够呈现动态的结果，并且通过算法将多样结果及时进行换算，还能够将各种结果累积的数据，比如出庭经验，自动地存储下来，并及时供所有人分享，通过分享使得系统的效用最大化。这些都是人为执行、人为反馈、人为汇总等人为工作几乎不可能做到的。

治标还是治本有时不是一道简单的选择题，它需要跳脱传统思维，摆脱思维定式，以未来的眼光和改革的勇气来审视深层次的问题，以缜密的逻辑和决绝的精神来挑战固化的格局，它检验的是你的决心。

算法对司法的帮助与局限

在一个座谈会上，一个技术人员说现在我们研发了很多智能辅助软件，替代了目前 30% 的司法工作量，以后我们会慢慢将这个比例提升到 70%，甚至更多。算法慢慢就可以替代很多司法官的工作，从而从根本上解决案多人少的问题。

我当时就反驳：30% 这个数字是怎么得出来的？说你们提供的帮助很大，但是你问问基层司法官现在是更累了，还是更轻松了？从人类历史的整体上看，我们发明了很多设备软件，代替我们做了很多机械性的重复劳动，但是我们与过去比是更忙，还是更轻松？虽然机器和算法替代了我们做了一些机械性的工作，但是很多创造性的工作是难以替代的。而且这样的工作会越来越多，因为我们面对的社会和情景越来越复杂。

不是活儿越来越少了，而是活的重心和内容改变了。就像案件的实质化判断和出庭工作，这种要求人的综合素质和创造力的工作，短期内是难以替代的，而且随着以审判为中心的诉讼制度改革和庭审实质化的要求，其工作量是越来越大了。这就是我感觉并不轻松的原因。不是不做机械性的工作了，人就没事了，而是人要做更多富有创造性的工作，这种工作压力更大、难度更大。

认为算法可以替代人现有工作量的占比越来越高，最终就可以替代人的思维，本质上是一种线性思维。

如果检察官可以被替代，就意味着法官也可以被替代，那就不再有司法存在，人被抓过来直接判决有罪，直接服刑不就完了？如果那样的话，不仅是司法，所有人都将被人工智能取代，人就完全被替代了。但是现在的人工智能还远远达不到这样的水平。

不要说什么人工智能，就是所谓的智能辅助，到底是减轻工作量还是增加工作量？这个问题我们还要好好说说呢。比如，一些软件说能够自动理解卷宗，自动生成审查报告，但是也主要集中在危险驾驶等特别简单的案件，主要是把一些要素机械提取出来放在那里，看起来像一个审查报告，但是整体上可能存在逻辑漏洞，甚至文字语句、语境上的问题，你还要重新梳理、校对，有这个时间你都可以办几件案件了。有些省份的司法官被要求必须使用这样的软件，苦不堪言。而像我们，速裁案件可以不用写审查报告，直接写起诉书，这样校对环节也可以省略了。你说哪个更省力气？还有，有些智能语音识别系统安装在提讯设备上，因为不能联网，也得不到机器学习的算法升级支持，识别率就低，每次用它提讯就吃不上饭。本来一个小时能提讯完，它要四个小时，因为需要用三个多小时的时间去校对、删减那几十页有文必录、错漏百出的笔录。这样的系统到底是减轻工作量，还是增加工作量？

所以算法对司法的帮助是有局限的。

但也不能说它完全没有作用，比如互联网技术对社会的影响是方方面面的，司法工作也概莫能外。但是具体到实际的工作也不能想当然，也不是时时处处事事都会促进工作。尤其是信息技术的外衣如果包含的是行政管理命令的内涵，看起来是算法，骨子里还是行政化，是不可能真正对司法产生助力的。或者拿一些不成熟的技术，包装成人工智能等高大上的外衣，实际上等于通过司法过程来完善技术，相当于具有一定的实验性。这种技术对司法工作而言也是不合适的，因为司法关系到人的生命、自由和声誉，不容许有任何的疏忽，对算法不成熟可能造成的批量性司法风险是无法承受的。这些是办案人在应用这些系统上反而更累的原因，因为虽然系统帮助做了一些工作，但工作的质量和司法责任却要由司法官自己承担，他为了确保办案质量只能付出更多的精力来弥补算法不完善所带来的问题。这就像带了一个不靠谱的徒弟，比你自己干还累，因为你还要帮他堵窟窿，而且筛查窟窿的工作量是巨大的。

笔者并不是反对现代技术的应用，而是主张一种更为理性的态度，为此要重点破除两个误区。

一是技术万能论。认为技术万能的人，往往不是对技术半懂不懂，就是对业务半懂不懂，甚至两者皆如此。听到了一些技术术语，就觉得好，就想当然觉得能用、好用，既不懂背后的基本原理，也不了解真实的司法业务需求。主要的是，他自己也不会亲自使用这种司法技术。比如，提讯的智能语音软件，领导非说好用，逼着你用，吃不上饭也让你用。但是他自己亲自用一次，就不说了。实践是检验真理的唯一标准。智能辅助等算法支持主要应用于具体的办案实践，但问题是很多决策层的领导已经离这种具体的司法实践很远了，在他的脑海里主要是一种想象。即使是亲自办案，他也不会亲自操作办案系统，亲自使用这些职能辅助软件，他所获得的反馈都不是直接的，都来自于汇报。这种非亲历性的认知，加上系统华丽、炫酷的外观以及精彩的汇报，就很容易使领导受到误导，根源其实就是脱离实践。另外，还有一种攀比心理，很多地方都在搞系统，我们也要搞系统，搞系统就是搞创新，就是能出业绩。就像一定时期以来，城市化建设比拼的，大广场、大高楼，从而体现显性业绩。系统这种显性体现在另一个方面，主要是概念股，什么人工智能、大数据、机器学习等，就显得技高一筹，当然也应该一定好用。仅仅是拿概念包装起来的技术半成品，再与司法需求不能完全契合，不但不能促进司法工作，反而会成了司法工作的负担。还有些所谓的大数据工作工程，往往表现为大屏幕、大图表，参观时很好看，但是数据的即时性、准确性，对司法工作的真正日常有用性反而无人问津，这也逐渐成了新型的司法政绩工程。实际上，技术没有高级、低级之分，只有适合的，才是好的。技术、算法到底好不好用，应该以真正的用户作为评价标准，而不能简单地想当然。就像很多互联网产品，为什么都那么好用，都是用户用脚投票的产物。因此，建议在司法系统智能辅助软件的使用和开放上，也参考 App Store 模式，建立一个司法智能辅助软件市场这样的一个机制，允许各类人员进行开发，但也允许司法人员用脚投票，形成真正的市场化竞争机制，从而实现需求和技术的完美匹配。

二是人很容易被替代。这个看法主要集中在技术领域，他们将司法行为限定为现有的工作模式。比如认为人工打字输入占到现有工作量的 30%，那么替代了人工输入就替代了 30% 的工作量。而假设阅卷占到 40% 的工作量，那么"智能"地生成了一个审查报告，这个 40% 的工作量又被替代了，或者替代了绝大部分。这样节约了 70% 的工作量，潜台词是节约 70% 的人力资源。实际上，远远不是这么回事。打字确实比写字要快，但是通过打字办案并没有比通过写字办案更快，为什么？因为，你写的内容不同了，办案的质量要求不同了。而且，事实上是案件的复杂性也在增加，因为整个社会的复杂性也在增加，不仅我们用电脑，犯罪嫌疑人也会用电脑和手机，而且还会形成电子证据，这些也是没有过的。更重要的是社会整体上更复杂了，我们办案其实不是打字，而是在理解这种复杂性，阅卷、打报告，只是理解和处理这种复杂性的过程。这种复杂性也在不断地增加，而且对它的理解和把握也有弹性的，就好像有一个复杂问题，如果有时间你就多研究一会儿，研究得深入一点，没有时间的话就研究得浅一点，总之都要在规定的时间，拿出一个结论。通过智能辅助软件减轻的案卷摘录等负担，不是使我们空闲起来了，而是创造了一个更加深入理解这种案件复杂性的机会。而且这也是司法越来越公开透明，公众民主法治意识日益提高的必然要求。以审判为中心的诉讼制度改革和庭审实质化的要求，必然要提高审查证据的精细化程度和出庭工作的准备难度，也必然增加了庭审中的挑战。这些工作的压力和增加的工作量很快就会将运用技术节省出的一点时间填满，而且很有可能是超越负荷。

事实上，人类历史的发展就是一个不断用创造性的劳动替代机械性劳动并腾挪出时间的过程，这也是任何社会、组织和个人不断成长发展的过程，实际上这就是文明发展的基本规律。但是另一个基本规律就是，创造性劳动投入得越多，由于创造性劳动所带来的复杂性也会同样增加，因此所应付的工作非但没有减少，反而还有可能增加。除非工具能够一劳永逸地替代人类的创造，否则不可能替代人。

因此，在思考算法对人的帮助的时候，我们必须理性面对这种工具的有用性和局限性，同时考虑两者以及人的不可替代性，才能做出正确的选择。

后　记

　　这些年我有一个强烈的感受，就是我们口头上是讲法治的，但是关键时刻，尤其是涉及自身利益的时刻往往又不讲法治了。很多事情法律规定得已经很清楚了，但执行上有时却又以种种理由不再按法律的精神办事。

　　在我们的观念中，在法治的实践中，还是存在很多法治无法触达的地方，形成了许多的禁区。而我们的司法改革正是破除这些禁区的过程，这些禁区一日不破除，司法改革一日难以真正成功，一日无法实现真正的法治。这些禁区正是我们的改革当前面临的深水区，既包括司法的格局、结构和机制，也包括执法的理念、思维，还包括司法运行的模式，涉及方方面面，难以穷尽列举。本书的若干篇文章只是作者工作中所闻所见所思的一些心得，对于这个宏大的题目仅作引玉之砖而已。但是这个主题是我期望引起法律人群体关注的一个议题，也应该成为我们为之奋斗的理想。

对于本书，我要感谢很多人的帮助。

我要感谢樊崇义老师为本书赐序，作为法学泰斗，他对晚辈后学的提携不遗余力，我的第一本书就得到了先生的推荐，现在又专文作序，指引方向，先生的鼓励是我一生努力的方向！

我要感谢卞建林老师为本书赐序，作为刑事诉讼法学的引领者，卞老师的学风人品从学生时代就激励着我不断前行，感谢他一直以来对我的鼓励和帮助！

我要感谢江溯老师欣然作序，他已经成为年轻法律学人的佼佼者，我们在科技对法律的影响方面有着共同的兴趣，感谢他的鼓励支持！

本书在写作过程还到了诸多师长、朋友、同事的帮助，在这里一并向他们表达谢意！本书的初稿由北京市平谷区人民检察院邢装装检察官帮助审校，向她表示衷心的感谢！同时还要感谢我的公众号"刘哲说法"的读者和写作课的同学们一直以来的支持！

我还要感谢清华大学出版社刘晶编辑以及其他工作人员的辛勤工作，他们一以贯之的专业水准，才使我的几部作品能够顺利出版！

最后，我要感谢我的家人的理解和陪伴，是他们让我可以全身心地投入写作当中！

2020 年 3 月 20 日于西直门